부르심을 향한 여행

부르심을 향한 여행

이은복 지음

1판 1쇄 인쇄 2014년 10월 28일
1판 1쇄 발행 2014년 11월 5일

편 집 인 최혜진
펴 낸 인 안기열
발 행 처 **드림미디어**
서울특별시 마포구 연남동 493-1번지 세창빌딩 501호
전 화 (02)332-3812~3
팩 스 (02)323-4560
메 일 dream356@empal.com

등록번호 제6-0465호
I S B N 978-89-91051-52-2 03230

정가 10,000원

부르심을
향한
여행

드림
미디어

Abraham

추천의 글

인생은 여행입니다.
믿음으로 사는 여행은 더더욱 믿음의 여행입니다.
믿는 자들의 모델은 믿음의 조상 아브라함 입니다.
저자는 그의 여행에서 우리들의 여행을 배우고자 합니다.
그래서 이 책은 특별한 의미를 지닌 오늘의 여행 안내서입니다.

저자 이은복 목사님은 따뜻한 사역자입니다.
저는 그와의 동역을 즐거움으로 함께 할 수 있었습니다.
그가 이제 담임목사가 되어 이끄는 목회 여정을 지켜보며
이 책이 그런 그의 고백을 담은 여행 고백서로 다가왔습니다.
각 장마다 그의 열정과 사랑이 진하게 느껴졌습니다.

이 책을 대하는 사람마다 믿음 여행의 의미를 재발견하고
자신의 인생의 창세기를 써내려 가는 축복을 빌어봅니다.
아브라함의 창세기가 내 인생의 창세기가 되는 축복을 말입니다.
그리고 우리 모두 인생은 부르심의 여행이라고 고백할 수 있기를.
그리고 우리를 이 길로 부르신 이의 이름을 찬양하게 되시기를.

함께 부르심의 길을 걷는 동역자,
이동원 목사(지구촌교회 창립/원로목사)

우리 인생은 여행입니다. 누구나 길을 떠나 본향을 향하는 여정을 지납니다.

"부르심을 향한 여행" 은 하나님의 부르심을 향해 떠나는 인생의 여정에 준비되어지고 필요한 좋은 책입니다.
먼저 그 길을 걸었던 아브라함의 여정을 통해
하나님의 부르심을 향해 새로이 그 길을 걸어가는 이들에게 전하는 인생 가이드북입니다.
사랑하는 이은복 목사님의 풍성한 은혜와 지혜가 번득이는 인생 여행의 가이드북입니다.

하나님의 부르심을 향한 여행을 떠나십니까?
그럼, " 부르심을 향한 여행"과 함께 떠나보세요!

진재혁 목사(지구촌교회 담임)

모든 성도들이 사랑하는 성경책 중의 하나가 있다면 그것은 바로 창세기입니다. 그 중에서도 믿음의 조상, 아브라함의 이야기는 믿음의 후손으로 살아가는 우리 모두가 즐겨 읽는 이야기입니다. 하지만 안타깝게도 아브라함과 같이 믿음으로 사는 사람들을 만나보기 힘든 시대가 되어 버렸습니다.

이런 시대, 이은복 목사님께서 "부르심을 향한 여행"이라는 주제로 우리가 수없이 들었던 아브라함에 대한 이야기를 새로운 통찰력과 깊이 있는 해설과 탁월한 적용이 가능하도록 풀어 주셨습니다. 그러기에 이 책은 평신도는 물론 설교를 준비하는 목회자들에게도 매우 소중한 책이 될 것입니다.

그러나 이 책이 더 소중한 이유는 다른 데 있습니다. 그것은 이 목사님께서 보여주신 믿음입니다. 적지 않은 시간, 이은복 목사님을 지켜보면서 그분이 보여준 아름다운 믿음은 저를 비롯해 주변에 있는 모든 분들에게 늘 감동과 도전이 되었기 때문입니다. 이제 이 책을 읽게 될 당신 차례입니다.

김인환(광교지구촌교회 담임목사)

사도베드로는 우리가 사는 이곳을 나그네 인생길로 표현했습니다. 나그네 인생이란 이 땅은 우리의 집이 아니라는 말입니다. 이은복 목사님은 '여행'이라는 주제로 이 책을 산고 끝에 출산했습니다. 이 땅을 나그네로 사는 우리들에게 나그네의 인생길이 의미있는 여행길이 되도록 직접 안내자의 역할을 감당하고자 강대상에서 소리쳤던 설교의 흔적이 이 책에 고스란히 담겨져 있습니다.

여행은 좋은 안내자를 만나야 즐겁습니다. 그리고 안전합니다. 그리고 무사히 집으로 돌아옵니다. 우리내 인생길에 좋은 목자이셨던 예수님을 닮아가며 사랑하는 성도들에게 하나님 말씀으로, 섬기는 안내자의 길을 걷는 이은복 목사님께 축하를 드리며 이 책이 모든 성도들의 귀한 안내서가 되기를 바래봅니다.

우리지구촌교회 조상훈 목사

이 책은 분당에서 한 교회를 섬기는 젊은 목회자가 이 시대 신앙인들의 무기력한 모습을 안타까워하며 선한 영향력을 회복하라는 메시지를 열정적으로 전한 메시지입니다. 먼저 개 교회 성도들을 하나님 앞에서 선한 영향력의 사람들로 세워지도록 눈물과 땀을 쏟아가며 외친 말씀입니다. 사랑하는 친구 이은복 목사는 성도 한분 한분을 가슴에 품고 섬기는 좋은 목자입니다. 하나님의 말씀을 생명처럼 믿고 외치는 설교자입니다.

좋은 목자의 영향력 있는 말씀을 들은 죽전지구촌 교회는 건강한 성장과 선한 영향력을 미치는 교회로 자라가고 있습니다. 이제는 개 교회 강단의 울타리를 넘어 수많은 그리스도인들의 가슴에 감동을 주는 메시지들이 책으로 엮어지게 되어서 무척 행복하고 하나님께 감사한 마음을 갖습니다. 아브라함의 비전의 여정을 따라가면서 이 책을 읽는 독자분들이 하나님의 선한 영향력을 미치는 비저너리로 세워질 것을 기대합니다. 저자는 이 시대의 아브라함은 바로 당신입니다! 라고 독자 여러분의 가슴을 파고들 것입니다.

사랑하는 벗

달라스 수정교회 홍장표 담임목사

오랜만에 듣는 이은복 목사님 음성이 매우 반가웠습니다.
지구촌교회에서 제가 차량사역팀에서 섬길 때
이 목사님과 자주 뵐 기회가 있었고 늘 온화한 성품과
또한 하나님과 성도들을 향한 열정과 배려 그리고 관심이
마음속 깊이 남아 있기 때문일 것입니다.

한동안 뜨거웠던 하나님에 대한 열정이 가라앉고
나태함으로 보내던 요즘에 창세기를 통한
이 목사님의 해설이 너무 마음에 와 닿았습니다.

사업을 하는 저로써는 여러 가지 문제에 봉착할 때 마다
하나님이 저에게 처음주신 비전을 되새기고 하나님의 시간으로,
하나님의 방법으로 기본으로 돌아가서 다시 돌아보게 하는
아주 소중한 것을 되찾게 해준 것 같은 마음입니다.

이 책을 읽어보니 너무 재미있고 명쾌하며,
이 목사님의 예리한 통찰력을 느낄 수 있어 더욱 좋았습니다.
인생여정에서 방황하는 많은 영혼들에게
좋은 길잡이가 될 것이라고 생각합니다.

이 목사님을 통해서 이루실 하나님의 계획이 궁금해집니다.

2014년 9월 17일 이른 아침에....

㈜크린토피아 이범돈안수집사

여행은 설레임과 즐거움이 있습니다. 그러나 한편, 도중에 길을 잃던지 예상치 못한 일을 당하면 어려움을 겪게 됩니다. 긴 여행과 같은 우리의 삶 또한 기쁘고 즐거울 때도 있지만 슬프고 고통스러울 때도 많이 있습니다. 이 책은 이런 인생의 여정에서 만나는 시련과 역경을 극복하고 기쁨과 아름다움이 있는 보람된 삶의 길로 잘 인도하고 있습니다.

저자인 이은복 목사님은 검소하고, 겸손하고 성실한 사역자입니다. 바쁜 목회 일정에도 불구하고 고교동기신우회와 같은 작은 모임의 예배 인도 부탁도 거절하지 않고 소중히 여기는 목회에 대한 남다른 사랑과 열정이 있는 분입니다.

저자의 이런 목회철학과 가치관, 인생관이 담겨있는 이 책은 인생의 긴 여행 중에 있는 모든 사람들에게 좋은 이정표가 되고 길잡이가 될 것입니다. 많은 사람들이 이 책을 통하여 주님만을 바라보는 굳건한 믿음으로 보람된 삶의 여행길을 가기를 희망합니다.

지구촌교회 지규원장로
(주)테라젠이텍스 대표이사

사람은 누구나 다 저마다의 여행이 있습니다.
보내신 땅에 태어나 몸은 티끌로 돌아가고, 영혼은 하늘로 올라가는 그날까지 하나님 앞에서 우리는 '여행 중'입니다.

여행에는 여권이 필요합니다. 여권은 여행을 하려는 자에게 주어지는 여행자격증입니다.
천차만별 형형색색 다양한 인생의 여행을 위해 여권은 잘 갱신해 두셨습니까?
티켓은 예매하셨나요? 입국비자도 받아두셨나요? 시민권은 있으신가요?

여행에는 목적지를 향해 나아가는 길과 방향을 알려주는 나침반과 지도가 필요합니다.
가는 길의 위치와 갈림길에서 그 선택의 결과를 예고해주는 이정표도 필요하고,
좌초의 위험을 경고하는 등대도 필요합니다.

당신은 지금 어디쯤 가고 계십니까?
길을 잘못 들어 다른 곳에 서 계시지는 않으신가요?
혹여 갈림길을 잘못 들어서서 가던 길을 돌이키고 있지는 않으신지요?
인생의 암초에 걸려 좌초해 눈물과 고통으로 밤을 지새우고 있지는 않으신지요?

이은복 목사님의 [여행]을 눈으로 읽어 들으며 귀중한 것을 깨닫습니다.
"비전의 길은 하나님이 시작하고, 야망의 길은 자기 자신의 욕구에서 시작된다." 자주 설교로 들었던 말씀이지만, 눈으로 읽으면서 반복하여 읽고 암송도 하게 됩니다.

이은복 목사님의 설교를 늘 은혜 가운데 하나님의 말씀으로 듣습니다.
육성을 통해, 삶을 통해 선포된 하나님의 말씀을 글로도 만나니
그때 누렸던 떨림이 지금도 전해오는 것 같습니다.

백문이 불여일독입니다.

죽전지구촌교회 장로 윤인한
(사단법인 남대문선교회 회장)
(기독교한국침례회 전국남선교회 회장)

책을 내면서.......

이구동성으로 이 땅 가운데 기독교가 영향력을 잃어 간다고 걱정입니다. 기독교가 영향력을 잃어가는 것은 그리스도인들이 영향력을 잃어 가기 때문일 것입니다. 짧은 시간이지만 목회를 하면서 어떻게 하면 그리스도인들이 세상에 영향력을 회복할 수 있을까 고민하며 기도하는 가운데 아브라함이란 모델을 발견했습니다. 그래서 아브라함의 인생을『**영향력 있는 비전여행**』이라는 주제로 사랑하는 성도들과 함께 나누며 그런 인생을 살도록 도전을 했습니다. 그리고 그것을 또 다른 그리스도인들과 나누고 싶었습니다. 그 결과로 이 책이 태어났습니다.

3년 전 죽전지구촌교회에 담임목사가 되었습니다. 3년이란 시간 동안 마음을 다해 성도들을 사랑했습니다. 그리고 그 성도들을 향한 나의 최고의 사랑은 하나님의 말씀을 바로 전하는 것이라 생각하여 말씀을 준비하는 일에 최선을 다했습니다. 그 시간이 참으로 행복하기도 했지만 때론 마른 젖을 억지로 짜내는 것 같은 고통의 시간이기도 했습니다. 이 모든 땀의 결과로 이 책이 태어났습니다.

이 책은 많은 부분 나의 짝사랑이며 스승이신 이동원 목사님에게 빚을 졌습니다. 먼저, 목사님과 함께한 지구촌교회에서의 6년의 시간은 목사로서 그리고 설교자로서 지금의 나를 만드는 최고의 훈련 시간이었고 아울러 이 책이 나오기까지 가장 많은 영향을 목사님을 통해 받았기 때문입니다. 그래서 혹시나 목사님께 누가 되지 않을까 조심스럽습니다. 그래도 넉넉히 받아 주실 것을 믿습니다. 평소 표현하지 못했는데 지면을 통해서 이동원 목사님께 감사와 사랑을 전합니다.

부족한 저를 위해 늘 기도해주시며 하나님의 나라를 위해 함께 동역하는 죽전지구촌가족들에게 감사하며 책의 출판을 위해 애써주신 드림미디어의 안기열 집사님께 또한 감사를 드립니다. 아울러 언제나 가장 귀한 친구이며 신실한 내조자인 아내 김경희, 그리고 피로회복제와 같은 사랑하는 두 아들 성규와 민규에게 감사하고 무엇보다 가장 진실한 마음으로 주님께 감사를 드립니다.

주후 2014년 가을의 문턱에서

죽전지구촌교회 이은복 목사

목 차

Part 1. 여행을 시작하는 이에게

Chapter 01 떠남 – 여행을 시작하는 이에게 _ 20

Chapter 02 선택 – 비전의 길과 야망의 길 _ 36

Chapter 03 분별 – 하나님과 세상 _ 54

Chapter 04 기도 – 여행의 동력 _ 74

Part 2. 여행 중에 있는 이에게

Chapter 05 시련 – 여행 중에 시련을 만날 때 _ 98

Chapter 06 갈등 – 함께 하는 이와의 갈등 _ 116

Chapter 07 물질 – 여행하는 이의 물질관 _ 134

Chapter 08 의심 – 비전이 흔들릴 때 _ 154

Chapter 09 섬김 – 여행하는 이의 영향력 _ 172

Part 3. 여행을 마무리 하는 이에게

Chapter 10 선물 – 최고의 선물인 자녀 _ 194

Chapter 11 시험 – 마지막 관문 _ 212

Chapter 12 이별 – 사랑하는 이를 보내며 _ 232

Chapter 13 죽음 – 여행의 마무리 _ 252

에 필 로 그

다시 걷는 비전여행 _ 272

RART

1

여행을 시작하는 이에게

CHAPTER

01

떠남

1 여호와께서 아브람에게 이르시되 너는 너의 고향과 친척과 아버지의 집을 떠나 내가 네게 보여 줄 땅으로 가라 2 내가 너
로 큰 민족을 이루고 네게 복을 주어 네 이름을 창대하게 하리니 너는 복이 될지라 3 너를 축복하는 자에게는 내가 복을 내리
고 너를 저주하는 자에게는 내가 저주하리니 땅의 모든 족속이 너로 말미암아 복을 얻을 것이라 하신지라 4 이에 아브람이
여호와의 말씀을 따라갔고 롯도 그와 함께 갔으며 아브람이 하란을 떠날 때에 칠십오세였더라 5 아브람이 그의 아내 사래와
조카 롯과 하란에서 모은 모든 소유와 얻은 사람들을 이끌고 가나안 땅으로 가려고 떠나서 마침내 가나안 땅에 들어갔더라 6
아브람이 그 땅을 지나 세겜 땅 모레 상수리나무에 이르니 그 때에 가나안 사람이 그 땅에 거주하였더라 7 여호와께서 아브
람에게 나타나 이르시되 내가 이 땅을 네 자손에게 주리라 하신지라 자기에게 나타나신 여호와께 그가 그 곳에서 제단을 쌓
고 8 거기서 벧엘 동쪽 산으로 옮겨 장막을 치니 서쪽은 벧엘이요 동쪽은 아이라 그가 그 곳에서 여호와께 제단을 쌓고 여호
와의 이름을 부르더니 9 점점 남방으로 옮겨갔더라

창12:1-9절

떠남 – 여행을 시작하는 이에게

인생이란 비전을 찾아 가는 여행과 같다 할 수 있습니다. 이 여행의 시작은 매우 오래 되었습니다. 우리가 말을 알아듣기 시작하면서 부모님들로부터 "얘가 커서 뭐가 되려나?" 하는 말을 들었습니다. 그리고 조금 더 컸을때 부모님들은 구체적으로 물었습니다. "너는 커서 뭐가 될래?" "뭐가 되고 싶니?" 그러면서 우리의 비전 여행은 시작 되었습니다.

그리고 시간이 지나면서 우리는 스스로 그 질문을 던집니다. '나는 과연 커서 뭐가 될까?' '무슨 직업을 가질까? 내가 살면서 이 땅가운데 남길 영향력은 무엇일까?' 이렇게 우리는 우리의 비전을 좀 더 구체화 시키며 그 비전을 위해 인생을 투자 했습니다.

그리고 어른이 되어 우리는 어릴 적 비전 그대로 되어 있는 나를 발견하기도 하지만 그 비전을 수정하고 어쩌면 아직도 궁극적 비전을 찾는 분도 계실 것입니다. 어쩌면 우리는 우리 인생을 마치는 그날까지 비전과 함께 사는 것입니다.

창세기12장에서 우리는 새로운 비전을 향해 출발하는 한 사람을 만나게 됩니다. 그 사람의 이름은 아브라함입니다. 그는 비전과 함께 시작해서 결국은 믿음의 조상으로 지금까지도 많은 사람들에게 믿음의 선한 영향력을 미치고 있습니다.

특히 본문은 새로운 비전을 향해 출발하는 아브라함의 모습을 보여 주고 있기 때문에 선한 영향력을 향한 비전여행을 시작하는 이들에게 하나님께서 주시는 몇 가지 중요한 포인트를 발견할 수 있습니다. 선한 영향력을 향한 비전 여행을 시작하는 사람은 어떻게 해야 할까요?

| 첫째, 온전히 떠나야 합니다.

창세기에서 아브라함의 이야기는 12장에서 시작됩니다. 특별히 하나님께서 아브라함에게 주신 비전 가운데 하나가 가나안 땅입니다. 아브라함이 자기 고향인 갈대아 우르를 떠나 가나안 땅에 들어간 이야기가 5절까지 짧게 기록되어 있습니다. 그러나 이 짧은 구절 속에 눈에 띄는 중요한 단어를 발견하게 됩니다. 이 짧은 구절에 세 번이나 반복되는 단어가 바로 [떠남]이란 말입니다.

"여호와께서 아브람에게 이르시되 너는 너의 고향과 친척과 아버지의 집을 떠나"(창12:1절)
"아브람이 하란을 떠날 때에 칠십오 세였더라"(창12:4절)
"가나안 땅으로 가려고 떠나서 마침내 가나안 땅에 들어갔더라"(창12:5절)

비전여행을 시작하는 아브라함에게 먼저 선행 된 것은 [떠남]이었습니다. 떠난다는 것은 포기 한다는 의미가 담겨 있습니다. 우리가 새로운 비전을 향해 출발하기를 원한다면 우리에게 선행 되어야 하는 것이 바로 떠남입니다. 편안한 곳, 안전한 곳에 그냥 머물러 있으면 우리는 새로운 비전 여행을 할 수 없습니다. 마치 항구에 정박해 있는 배가 새로운 목적지로 가려면 안전한 항구를 포기하고 떠나야 하는 것과 같은 것입니다.

우리가 무엇을 떠나야 합니까? 우리가 새로운 비전을 향해 출발하려고 한다면 하나님께서 분명하게 우리가 떠나야 할 것들 즉 포기해야 할 것들을 말씀해주실 것입니다. 우리에게 하나님께서 말씀하신 것이 무엇입니까?

세상의 쾌락입니다. 우리의 게으름입니다. 형식적이고 굳어진 신앙 아닌 신앙입니다. 내 능력으로 하려는 나의 교만입니다. 아무도 모르지만 나 홀로 행하고 있는 죄 짓는 자리입니다. 음란과 간음에서 떠나야 합니다. 욕심에서 떠나야 합니다. 비교하고 경쟁하며 다른 사람과 나를 괴롭게 하는 것에서 떠나야 합니다. 쓸데없는 자존심에서 떠나야 합니다. 참지 못하는 분노와 좋지 못한 성격에서 떠나야 합니다. 잘못된 습관과 삶의 방식에서 떠나야 합니다. 우리는 세상의 악에서 철저히 떠나야 합니다.

그것을 떠나지 않고 우리에게 새로운 미래는 열리지 않습니다. 아직 무엇인지 모르겠습니까? 하나님께 물어 보십시오. 하나님께서 우리에게 말씀하시고 요구하시는 것이 있을 것입니다. 그것을 떠남에서 새로운 비전을 향한 출발이 시작되는 것입니다.

떠나지 않은 만큼 낭비이며 희생이 따릅니다.

주목할 것이 있습니다. 우리 인생에 떠나야 할 것을 떠나지 않은 만큼 우리 인생은 낭비이며 희생이 따른 다는 것을 기억해야 합니다. 아브라함에게도 그런 시간이 있었습니다. 아브라함은 온전히 포기하지 못하고 중간에 하란이란 곳에서 머물러 살았습니다.

> "갈대아인의 우르를 떠나 가나안 땅으로 가고자 하더니 하란에 이르러 거기 거류하였으며"(창11:31절)

아브라함이 온전히 떠나지 못한 삶의 결과가 무엇입니까? 떠나지 못한 시간은 열매 없이 허송세월하는 시간입니다. 아브라함이 갈대 우르를 떠날 때 그의 나이를 60세로 추정합니다. 그리고 그가 하란을 떠나 가나안 땅에 들어간 것이 75세였습니다(창12장4절). 무려 15년이란 시간이 흘렀습니다.

중요한 것은 아브라함이 이 15년이란 시간 동안 어떤 창조적인 일을 했다는 기록을 성경에서 찾아 볼 수 없다는 것입니다. 이 15

년을 허송세월한 것입니다. 재미있는 것은 아브라함이 의미 없이 머물렀던 [하란]의 뜻이 '열매가 없다.'입니다. 떠나야 할 것을 온전히 떠나지 못한 삶은 허송세월한 삶, 인생에 열매가 없는 삶이 되었습니다.

그것만이 아닙니다. 의미 없이 하란에 머문 기간 동안 아브라함은 희생을 치러야 했습니다. 아버지 데라가 죽었습니다.

"데라는 이백오 세가 되어 하란에서 죽었더라"(창11:32절)

우리가 이 죽음을 단순히 자연사로 보면 안 된다 생각합니다. 그 속에 특별한 의미가 있습니다. 사도행전을 보면 아브라함이 '그의 아버지가 죽으매' 하란을 떠났다고 기록합니다(행7장4절).

"아브라함이 갈대아 사람의 땅을 떠나 하란에 거하다가 그의 아버지가 죽으매 하나님이 그를 거기서 너희 지금 사는 이 땅으로 옮기셨느니라"(행7:4절)

그 말은 아브라함이 하란에서 지체한 중요한 요인이 아버지 데라 때문이었다고 추리할 수 있게 합니다. 데라 때문에 발목이 묶였습니다. 어쩌면 데라의 나이가 많아 긴 여행이 불편했을 지도 모릅니다. 아니면 풍족한 땅인 하란에 와서 그냥 머물러 살자고 아브라함에게 제안했을지도 모릅니다. 아버지 데라가 하란에 머물게 한 중요한 원인이었을 것입니다. 재미있는 것은 [데라]라는 말이 '연기하다.'는 뜻입니다.

하란에서 15년의 세월을 허송세월하며 아브라함의 마음에 들었던 생각이 무엇일까요? '내가 이렇게 살면 안 되는데, 내가 떠나야 되는데, 하나님이 내게 주신 비전이 분명히 있는데, 그 비전 여행을 계속해야 하는데.......'

그리고 어느 날 아버지 데라가 죽었을 때, 아브라함은 생각했을 것입니다. '그렇지 내가 결단하지 못하니까 하나님께서 아버지를 데려가셨는가 보다.' 그것은 아브라함에게 어찌 보면 슬픔이고 불행입니다. 그러나 한편으론 다행입니다. 왜냐하면 데라의 죽음을 통해 아브라함은 다시 비전을 붙잡는 계기가 되었기 때문입니다.

이 말씀을 조금 비약시키면 아브라함이 일찍 떠났더라면 15년의 세월을 낭비하지 않아도 되었을 것입니다. 아브라함이 일찍 떠났더라면 아버지 데라의 죽음 전에 비전의 땅으로 들어 갈 수 있었을 것입니다. 조금만 일찍 떠났더라면....... 새로운 비전을 향해 간다면 반드시 떠나야 합니다.

| 둘째, 말씀에 순종해야 합니다.

새로운 비전을 향해 가는 아브라함에게서 발견하는 중요한 원리 하나는 떠남이었습니다. 그렇다면 떠나서 어디로 가야 합니까? 아브라함은 하나님의 말씀을 따라 갔습니다.

"이에 아브라함이 여호와의 말씀을 따라 갔고"(창12:4절)

그렇습니다. 우리에게 떠남이 있었다면 동시에 하나님의 말씀을 따라가겠다는 결단이 필요합니다. 하나님 말씀에 대한 순종이 없이 우리에게 새로운 미래를 기대할 수는 없습니다.

우리가 예수님을 영접하고 하나님의 자녀가 된다는 것은 내 인생에 주도권을 주님께 내어 드리고 그분께 순종하는 삶을 살겠다는 것입니다. 왜 많은 그리스도인들이 주님 말씀에 순종하지 못하고 떠나야 할 것을 떠나지 못하고 인생을 낭비하고 있습니까?

아직도 자기가 자기 인생의 주인이기 때문입니다. 이것이 대부분의 사람들이 사는 인생입니다. 인생에 주도권을 주님께 내어 드리지 못하고 주님 말씀에 순종하지 못하기 때문에 우리 인생을 허송세월하게 됩니다.

많은 사람들이 그런 실패를 경험하고 나야 [천부여 의지 없어서 손들고 옵니다.] 찬양하며 주님께 나오게 됩니다. 주님께 인생에 주도권을 내어 드리고 말씀에 순종할 때 비전 여행은 시작되는 것입니다.

베드로의 인생이 그랬습니다. 밤새 그물을 내렸지만 헛수고였습니다. 헛수고의 실패를 경험하고 베드로는 겸손해집니다.

"시몬이 대답하여 이르되 선생님 우리들이 밤이 새도록 수고하였으되 잡은 것이 없지마는 말씀에 의지하여 내가 그물을 내리리이다"(눅5:5절)

베드로가 이런 고백을 하기 위해서는 지금까지 믿었던 자신의 지식과 경험을 다 깨뜨린 것입니다. 깊은 곳에 그물을 내리라는(눅5장4절) 주님의 말씀은 상식에 어긋나는 것입니다. 그러나 물고기 잡기의 전문가인 베드로는 말씀에 순종하여 그물을 내렸더니 그물이 찢어지게 물고기가 잡혔습니다(눅5장6절). 아마도 베드로의 그물이 찢어지는 순간 베드로의 경험과 지식과 이성도 찢어졌을 것입니다.

지나 온 삶을 돌아 볼 때 우리의 이성과 경험과 지식으로 최선을 다했지만 여전히 내 인생이 궁지에 몰려 있다고 느끼시는 분들이 계십니까? 그렇다면 내 인생의 참된 주인이신 예수님 앞에 이렇게 고백해보십시오. "주님 이제부터 당신의 말씀에 의지하여 그물을 내리며 살겠습니다. 철저하게 말씀에 순종하며 살겠습니다."

말씀에 순종하며 살기로 결단할 때 주어진 약속 두가지

그런 삶을 살기로 결단할 때 주님은 베드로를 통해 두 가지 약속을 하셨습니다. 하나는 이웃과 더불어 축복을 나누며 살게 하십니다. 그물이 찢어지게 고기가 넘치니 결국 다른 배를 불러 두 배가 가득 채워지지 않습니까(눅5장7절)? 축복의 통로가 되었습니다.

뿐만 아니라 두 번째는 영혼을 낚는 인생을 살게 될 것입니다. 이제 고기 잡고, 고기 팔고, 아파트 평수 넓히고, 좀 더 큰 차타고 다른 사람보다 잘 먹고 잘 사는 것만으로 만족할 수 없는 인생이 될 것입니다.

수많은 사람들이 내 인생에 행복의 비밀을 물으며 내게 찾아와 구원받고 새 인생을 사는 이 재미, 지치고 힘들어 하는 영혼 한 사람 한 사람을 사랑으로 위로하며 주님의 사람으로 세워가는 재미로 인생을 살게 될 것입니다.

당신은 어느 때까지 의미 없는 인생을 살겠습니까? 떠날 것을 떠나지 못하고 하나님의 말씀에 순종할 결단이 없으면 무의미한 인생은 계속 될 것입니다. 하나님께서 아브라함을 부르시고 하신 약속이 뭡니까? 땅에 모든 민족이 아브라함을 통해 복을 얻을 것이라는 것입니다.

> "땅에 모든 족속이 너로 말미암아 복을 얻을 것이라"(창12:3절)

아브라함을 통해 주신 이런 약속이 오늘날도 하나님의 말씀에 따라 살기로 결단하며 그 말씀에 의지하여 그물을 내리는 자에게 이루어지게 될 것입니다. 새로운 비전을 향해간다면 반드시 하나님 말씀을 따라가야 합니다.

|셋째, 하나님을 예배해야 합니다.

아브라함이 하나님 말씀에 따라 가나안 땅에 들어갔지만 그 땅이 만만한 땅은 아니었습니다. 이미 그 땅에 거주하는 사람들이 있었습니다. 특히 아브라함은 세겜으로 갔습니다. 불필요한 의미를 부여할 필요는 없지만 [세겜]이 '어깨'라는 뜻입니다. 재미있습니다. 어깨들이 많이 살았나 봅니다.

"아브람이 그 땅을 지나 세겜 땅 모레 상수리나무에 이르니 그 때에 가나안 사람이 그 땅에 거주하였더라"(창12:6절)

비전을 향한 출발이지만 낯선 땅에 들어 선 아브라함은 두려웠을 것입니다. 어떻게 아브라함은 그 두려움을 극복했을까요? 그것은 바로 예배였습니다. 아브라함은 예배를 드림으로 두려움을 이길 능력을 공급받았던 것입니다.

"자기에게 나타나신 여호와께 그곳에서 제단을 쌓고"(창12:7절)

우리가 많은 기대와 비전을 가지고 출발하려고 하지만 우리 앞에 많은 장애물이 있습니다. 우리가 어떻게 그 장애물들을 극복하고 비전을 이루어 갈 수 있겠습니까? 그것이 바로 예배입니다.

저는 가끔 이런 생각을 합니다. 처음 예배를 나오는 성도들의 모습을 보면 마치 에스겔 골짜기의 마른 뼈들과 같이 생각 됩니다. 그러나 예배를 마치고 나갈 때의 모습은 군사와 같이 기쁨에 넘쳐 힘 있게 돌아 서는 모습을 보게 됩니다. 이것이 바로 예배의 축복입니다.

제가 우리 사역자들에게 늘 강조하는 것이 있습니다. 주일날 네 번의 예배가 있는데 한번은 진정한 예배자로 예배에 집중하라는 것입니다. 봉사자들이 빠지기 쉬운 함정이 그것입니다. 예배 없이 봉사만 한다면 곧 지치게 됩니다. 예배생활이 되지 않으면 봉사도 오래 가지 못합니다. 아니 무엇보다 세상을 이길 힘을 공급받을 수 없습니다.

새로운 비전을 향한 아브라함의 전진을 가능하게 한 것이 제단을 쌓는 일 즉 예배가 있었기 때문에 가능했다는 것을 기억하시기 바랍니다. 비전을 성취하는 인생을 살기 원한다면 예배를 사모하십시오.

예배보다 우선인 것은 없습니다.

어떠한 것도 예배에 우선할 수는 없습니다. 가나안 땅에 들어간 아브라함은 제단을 쌓고 장막을 칩니다. 아브라함이 제단을 쌓는 것과 장막을 치는 것 중에 무엇을 먼저 했을까요? 제단입니다. 먼저 제단을 쌓고(창12장7절) 자기 장막을 쳤습니다(창12장8절).

> "자기에게 나타나신 여호와께 까 그곳에서 제단을 쌓고"(창12:7절)
>
> "거기서 벧엘 동쪽 산으로 옮겨 장막을 치니"(창12:8절)

무슨 의미입니까? 제단이 영적 필요를 채우는 곳이라면 장막은 육신의 필요를 채우는 것입니다. 아브라함의 인생은 먼저 제단을 쌓는 인생입니다. 제단은 하나님과 만나는 자리요. 인생에 충전을 하는 곳입니다. 아브라함은 항상 예배 우선의 삶을 살았습니다.

우선순위가 중요합니다. 요한은 영혼이 잘돼야 범사가 잘 되고 육신도 강건하다고 했습니다(요삼2절). 영혼이 잘 되어야 범사가 잘 되는 것입니다. 영혼이 잘못 되면 인생이 어그러지는 것입니다. 영혼이 잘 되는 길, 그것이 바로 예배입니다. 그래서 예배를 성공해야 우리 인생이 바로 될 수 있는 것입니다.

새로운 비전을 향해 간다면 반드시 하나님 앞에 바른 예배자로 살 것을 결심하십시오. 무슨 일이 있어도 예배의 삶에 성공자가 되겠다고 결심하십시오. 예배가 비전을 이루어 가는 길에 동력이 될 것입니다.

비전의 길을 향해 가길 원한다면 먼저 떠나야 합니다. 그리고 하나님의 말씀에 순종하며 살기로 결단해야 합니다. 그리고 순종의 걸음을 지속할 수 있도록 늘 예배의 삶을 살아야 합니다. 예배를 통해 늘 새로운 힘을 얻게 될 것입니다.

* 스타벅스 로고에는 상반신은 여자 하반신은 두 개의 물고기 꼬리를 가진 인어가 그려져 있습니다. 두 개의 꼬리를 가진 이 인어는 그리스 로마 신화에 나오는 바다의 요정, 사이렌입니다. 오늘날 사이렌은 사람들에게 경고로 사용되는 소리인데 이유가 있습니다.

신화 속 사이렌은 달콤하고 매혹적인 목소리로 노래를 불러 지나는 배들을 유혹해서 선원들을 죽게 만들었다고 합니다. 그러니까 스타벅스는 이런 여신을 로고로 만들어 커피의 향기로 고객들을 유혹하겠다는 뜻을 담고 있는 것입니다.

신화 속에 사이렌의 노래는 너무 아름다워서 근처를 지나던 뱃사람들은 노래를 듣느라고 정신을 뺏깁니다. 그 사이 배는 암초에 부딪히고 맙니다. 그 때 난파한 선원들은 죽게 되는 것입니다. 그러

* 스타벅스 로고

나 사이렌의 유혹에 넘어가지 않고 통과한 배가 두 척이 있었다고 합니다.

그 중에 하나는 트로이 전쟁에 참전했다가 고향으로 돌아가는 율리시즈의 배였습니다. 율리시즈는 사이렌의 목소리를 들으면 죽는다는 사실을 알고 선원들의 귀를 밀랍으로 막게 합니다. 그러나 자신은 아름다운 목소리를 듣고 싶어 귀는 열어 두고 자신의 몸을 배에 결박하도록 하여 배가 무사히 통과했다고 합니다. 사이렌의 유혹과 싸워 이긴 것입니다.

또 하나는 50명의 영웅이 타고 지나간 아르고 호입니다. 이 배에는 오르페우스라는 영웅이 있었는데 오르페우스는 사이렌의 노래보다 더욱 아름다운 노래를 연주해서 그 배에 탄 선원들로 하여금 사이렌의 노래에 유혹되지 않도록 하여 무사히 통과했다고 합니다. 오르페우스는 자신의 강점을 살려 유혹을 이길 수 있었던 것입니다.

비전을 향해 가는 항해에 사이렌과 같은 유혹이 도처에 깔려 있습니다. 사단은 우리가 위대한 인생을 살지 못하도록 끊임없이 유혹하며 우리 인생을 망가진 인생, 의미 없는 인생으로 만들어 가려고 합니다.

그래서 새로운 비전여행을 하는 사람은 하나님의 말씀에 의지해서 떠날 것을 떠나고 하나님을 예배하면서 새로운 능력을 공급받아야 합니다. 우리가 주님과 함께 오직 비전의 항해를 계속한다면 우리는 아브라함과 같은 축복을 누리게 될 것입니다.

CHAPTER **01**

떠남 - 여행을 시작하는 이에게

+ Abraham + + + + + + Abraham

본문은 새로운 비전을 향해 출발하는 아브라함의 모습을 보여 주고 있기 때문에 선한 영향력을 향한 비전여행을 시작하는 이들에게 하나님께서 주시는 몇 가지 중요한 포인트를 발견할 수 있습니다. 선한 영향력을 향한 비전 여행을 시작하는 사람은 어떻게 해야 할까요?

온전히 떠나야 합니다.

아브라함이 일찍 떠났더라면 15년의 세월을 낭비하지 않아도 되었을 것입니다. 아브라함이 일찍 떠났더라면 아버지 데라의 죽음 전에 비전의 땅으로 들어 갈 수 있었을 것입니다. 조금만 일찍 떠났더라면....... 새로운 비전을 향해 간다면 반드시 떠나야 합니다.

말씀에 순종해야 합니다.

우리가 예수님을 영접하고 하나님의 자녀가 된다는 것은 내 인생에 주도권을 주님께 내어 드리고 그분께 순종하는 삶을 살겠다는 것입니다. 왜 많은 그리스도인들이 주님의 말씀에 순종하지 못하고 떠나야 할 것을 떠나지 못하고 인생을 낭비하고 있습니까? 주님 말씀에 순종하지 못할 때 우리 인생은 허송세월하며 보낼 수밖에 없습니다.

많은 사람들이 그런 실패를 경험하고 나야 [천부여 의지 없어서 손들고 옵니다.] 찬양하며 주님께 나오게 됩니다. 주님께 인생에 주도권을 내어 드리고 말씀에 순종할 때 비전 여행은 시작되는 것입니다.

하나님을 예배해야 합니다.

비전을 향해 가길 원하신다면 하나님 앞에 바른 예배자로 살 것을 결심하십시오. 무슨 일이 있어도 예배의 삶에 성공자가 되겠다고 결심하십시오. 예배가 비전을 이루어 가는 길에 동력이 될 것입니다.

생각해보기

1. 우리가 온전히 떠나지 못하여 비전 여행에 발목을 잡고 있는 것은 무엇인지 생각해 봅시다.

2. 내 인생에 주도권을 내가 쥐고 사는지 하나님의 말씀에 순종하며 사는지 생각해 봅시다.

3. 예배를 통해 삶에 힘을 얻고 새롭게 출발할 수 있었던 경험을 생각해 봅시다.

CHAPTER

02

선택

9 네 앞에 온 땅이 있지 아니하냐 나를 떠나가라 네가 좌하면 나는 우하고 네가 우하면 나는 좌하리라 10 이에 롯이 눈을 들
어 요단 지역을 바라본즉 소알까지 온 땅에 물이 넉넉하니 여호와께서 소돔과 고모라를 멸하시기 전이었으므로 여호와의 동
산 같고 애굽 땅과 같았더라 11 그러므로 롯이 요단 온 지역을 택하고 동으로 옮기니 그들이 서로 떠난지라 12 아브람은 가
나안 땅에 거주하였고 롯은 그 지역의 도시들에 머무르며 그 장막을 옮겨 소돔까지 이르렀더라 13 소돔 사람은 여호와 앞에
악하며 큰 죄인이었더라 14 롯이 아브람을 떠난 후에 여호와께서 아브람에게 이르시되 너는 눈을 들어 너 있는 곳에서 북쪽
과 남쪽 그리고 동쪽과 서쪽을 바라보라 15 보이는 땅을 내가 너와 네 자손에게 주리니 영원히 이르리라 16 내가 네 자손이
땅의 티끌 같게 하리니 사람이 땅의 티끌을 능히 셀 수 있을진대 네 자손도 세리라 17 너는 일어나 그 땅을 종과 횡으로 두루
다녀 보라 내가 그것을 네게 주리라 18 이에 아브람이 장막을 옮겨 헤브론에 있는 마므레 상수리 수풀에 이르러 거주하며 거
기서 여호와를 위하여 제단을 쌓았더라 19 당시에 시날 왕 아므라벨과 엘라살 왕 아리옥과 엘람 왕 그돌라오멜과 고임 왕 디
달이

창13:9-18절

선택 – 비전의 길과 야망의 길

일본 홋카이도의 사뽀로에는 윌리암 클라크(William S. Clark) 박사의 동상이 세워져 있습니다. 1868년 메이지유신에 성공한 일본 정부는 새로운 일본을 건설하겠다는 포부를 품고 선진국가인 유럽과 미국으로부터 선진기술을 도입하려 과감한 투자를 합니다.

이런 과정에서 일본정부는 농업을 쇄신하고자 미국 메사추세츠 주립대학 농대 학장이었던 윌리엄 클라크 박사를 초청을 합니다. 윌리암 클라크는 일본에 선교를 하겠다는 마음으로 일본에 들어와 1876년 사뽀로농학교 교장으로 부임을 합니다.

그는 자신이 맡겨진 분야에 최선을 다하는 동시에 학생들과 동고동락 하면서 성경을 가르쳤습니다. 그의 헌신적인 노력과 열정으로 6개월이 지나지 않아 전교생이 그리스도인이 되어 침례를 받게 됩니다.

그러나 일본정부는 기독교를 학생에게 전한다는 이유로 그를 추방하게 됩니다. 그는 고작 8개월 동안 일본에 머물렀지만 우찌무라 간조를 비롯한 일본에 걸출한 지도자들을 배출하게 됩니다. 이제 클라크는 떠나며 너무나 유명한 고별연설을 하게 됩니다.

"Boys, be ambitious!" 얼마나 많은 사람들이 이 말을 되 뇌이며 인생에 꿈을 키워갔습니까? 무슨 뜻입니까? [소년이여 비전을 가져라!] 아니면 [소년이여 야망을 가져라!] 아니면 [소년이여 큰 뜻을 품어라!]

[ambitious]라는 단어를 야망, 비전, 큰 뜻 등으로 해석을 하지만 클라크가 말한 원뜻과는 다르게 사용된 경우가 많다고 생각합니다. 야망과 비전이란 말은 서로 모호하게 사용되기도 하는데 일반적으로 비전은 긍정적인 의미로 사용 되는 반면 야망은 부정적인 의미로 사용 되는 경우가 많은 것 같습니다.

신앙적으로 정리를 해보면 비전은 하나님의 감동으로 하나님의 소원이 내 안에 들어와 시작 된 것이라면 야망은 인간의 욕망을 충족시키려는 동기에서 시작 된 것입니다. 비전은 하나님의 방법으로 이끌려 순수하고 깨끗하여 결국 하나님의 영광을 드러내고 모두에게 복이 되지만 야망은 성공이 목표이기 때문에 다른 사람을 밟고 나를 세워 많은 상처를 남기게 됩니다.

본문은 아브라함과 롯이 헤어지는 모습을 우리에게 말씀하고 있습니다. 결론지어 말씀드리면 삼촌과 헤어져 떠나는 롯의 길은 야망의 길이라 할 수 있고 롯을 떠나보내고 남겨진 아브라함의 길은 비전의 길이라 할 수 있습니다.

왜 제가 롯의 길은 야망의 길이라 하고 아브라함의 길은 비전의 길이라고 했을까요? 비전 여행을 하고 있는 우리는 이 질문에 바로 대답을 할 수 있어야 하겠습니다. 그래야 우리의 비전 여행이 끝까지 성공적인 여행이 될 수 있기 때문입니다. 과연 비전의 길과 야망의 길은 어떻게 다를까요?

|첫째, 비전의 길과 야망의 길의 공통점

비전의 길과 야망의 길엔 공통점이 있습니다. 본문을 잘 살펴보면 두 사람의 길에 공통적인 단어가 나옵니다. 먼저 롯의 길을 보면 9절에 아브라함은 롯에게 [떠나가라] 합니다. 그리고 10절에서 롯은 [눈을 들어] 요단 지역을 [바라보고] 그랬습니다.

> "네 앞에 온 땅이 있지 아니하냐 나를 떠나가라 네가 좌하면 나는 우하고 네가 우하면 나는 좌하리라"(창13:9절)
> "이에 롯이 눈을 들어 요단 지역을 바라본즉 소알까지 온 땅에 물이 넉넉하니 여호와께서 소돔과 고모라를 멸하시기 전이었으므로 여호와의 동산 같고 애굽 땅과 같았더라"(창13:10절)

그런데 아브라함의 길을 보면 14절에 [떠난 후에] [눈을 들어] [바라보라] 합니다.

"롯이 아브람을 떠난 후에 여호와께서 아브람에게 이르시되 너는 눈을 들어 너 있는 곳에서 북쪽과 남쪽 그리고 동쪽과 서쪽을 바라보라" (창13:14절)

공통점이 뭡니까? 떠나는 것입니다. 그리고 그러기 위해 눈을 들어 바라보라는 것입니다. 그렇습니다. 비전의 길이든 야망의 길이든 우선은 떠나야 합니다. 지금의 삶에 안주하지 않는 것입니다. 그리고 새로운 삶에 도전하는 것입니다.

안주하지 말고 도전해야 합니다.

인간은 익숙한 것에 안주하려는 경향이 있습니다. 또 자기가 보는 것이 세상의 전부인 줄 압니다. 흔히 우물 안 개구리라고 하지 않습니까? 중요한 말씀입니다. 하나님께서는 우리가 안주하는 것을 원하지 않으십니다.

초등학교 다닐 때 방학이면 도시에서 학교를 다니는 큰 형님이 집에 오는 것이 그렇게 싫었습니다. 왜냐하면 형님이 볼 때 시골에서 공부 좀 한다고 우물 안 개구리처럼 안주한 저의 안일한 모습이 보기 싫었던 것입니다. 도시에 앞서 가는 사람들을 보고 저를 보니 한심했던 것입니다. 무지몽매한 동생을 깨워주고 싶었던 것입니다.

그래서 새벽마다 깨워서 눈이 오나 비가 오나 구보로 등산을 합니다. 학습계획표를 세우게 하고 일주일에 한 번씩 검사를 하고 회초리가 아니라 몽둥이를 가지고 안일하게 산다며 정신교육을 곁들여 엉덩이를 내리 칩니다.

제가 볼 땐 제가 잘하고 있는 것 같다는 생각에 때론 억울한 생각이 들기도 했지만 그 몽둥이가 저의 안일함을 깨우는 작은 경종이 되었던 것이 사실입니다. 꿈을 만들고 그 꿈을 꾸고 대가를 치르는 삶을 살게 했던 것이 사실입니다.

우리는 우리 스스로가 잘하고 있다고 생각합니다. 아니 어쩌면 안주함에서 오는 평안함을 즐기고 있는지도 모르겠습니다. 그러나 하나님은 우리에게 눈을 들어 바라보라고 말씀하십니다. 그리고 안주하지 말고 늘 새로운 도전을 하라고 말씀하십니다. 안주하는 자리는 하나님이 원하시는 자리가 아닙니다.

많이 아는 이야기지만 가끔은 우리가 다시 생각해야 할 이야기라고 생각하는데 조지 바나의 주전자 속에 개구리 이야기입니다. [The Frog in the kettle] 우리말로는 [21세기 교회를 붙잡아라]로 번역된 책에 소개된 이야기입니다.

뜨거운 물에 개구리를 집어넣으면 깜짝 놀란 개구리는 살기 위해 튀어 나오지만 적당한 온도의 물에 개구리를 넣고 서서히 물에 온도를 높이면 변온동물인 개구리는 따뜻함에 적응해가면서 물이 끓는 것을 모르고 서서히 자기도 모르는 사이에 죽는 다는 것입니다.

문제가 뭔지 아십니까? 자기가 죽고 있다는 것을 모른다는 것입니다. 믿음의 삶도 그렇습니다. 안주하는 개구리 같은 사람은 믿음에 실패자가 될 것입니다. 우리는 끊임없이 눈을 들어 또 다른 세상을 바라보아야 합니다. 도전해야 합니다. 그리고 비전의 행진을 계속해야 합니다.

우리가 평안한 신앙생활에 안주하고 있지 않습니까? 도전하지 않는 신앙은 우리도 모르게 조금씩 병들어 가고 있는 것입니다. 전도폭발훈련이나 제자훈련이 힘들다고 도전하지 않습니다. 그러나 그렇게 안주 하며 쉽게 신앙생활 하는 동안 당신의 신앙은 병들어 간다는 것을 기억하십시오. 안주하지 마십시오. 믿음의 도전을 하십시오.

둘째, 비전의 길과 야망의 길의 차이점

비전의 길과 야망의 길의 차이는 무엇입니까? 그 차이는 시작에 있습니다. 야망의 시작은 자기 자신입니다. 자신의 욕구에서부터 시작합니다. 그러나 비전은 하나님께서 시작하시는 것입니다.

먼저 야망의 길을 가는 롯을 보십시오. 롯이 눈을 들어 요단을 바라봅니다. 롯이 주어입니다. 롯이 바라보았습니다. 그리고 꿈이 생긴 것입니다. 롯이 시작한 것입니다. 야망의 시작은 바로 자신입니다.

"이에 롯이 눈을 들어 요단 지역을 바라본 즉"(창13:10절)

그러나 비전의 시작은 하나님입니다. 특별히 하나님의 말씀을 들음으로 시작되는 것입니다. 하나님이 아브라함에게 바라보라 말씀하셨습니다. 갈대아 우르를 떠날 때도 마찬가지입니다. 하나님의 말씀이 들려지면서 비전은 시작되는 것입니다.

"롯이 아브람을 떠난 후에 여호와께서 아브람에게 이르시되 너는 눈을 들어 너 있는 곳에서 북쪽과 남쪽 그리고 동쪽과 서쪽을 바라보라"(창13:14절)

뿐만 아니라 과정에서도 차이가 있습니다. 그 일을 행하는 이가 다릅니다. 야망의 길, 롯의 길은 롯이 행합니다. 롯이 택하고 롯이 옮겨 갑니다. 롯이 주어입니다. 롯이 하는 것입니다. 야망의 길은 자기 힘으로 이루겠다고 하는 것입니다.

"그러므로 롯이 요단 온 지역을 택하고 동산으로 옮기니"(창13:11절)

그러나 비전의 길 아브라함의 길은 하나님께서 하십니다. 하나님은 반복해서 말씀하십니다. [내가 주리라.] [내가 하리라.] 하나님께서 하시겠다는 것입니다. 그래서 비전의 길을 가는 사람은 그저 하나님의 수종을 드는 자에 불과 한 것입니다.

> "보이는 땅을 내가 너와 네 자손에게 주리니 영원히 이르리라"(창13:15절)
> "내가 네 자손이 땅의 티끌 같게 하리니"(창13:16절)
> "너는 일어나 그 땅을 종과 횡으로 두루 다녀 보라 내가 그것을 네게 주리라"(창13:17절)

무엇보다 가장 큰 차이가 있다면 누구의 뜻을 따르냐는 것입니다. 비전의 길은 누구의 뜻을 따를까요? 비전의 길은 철저히 하나님의 뜻을 따릅니다. 그래서 그 비전을 통해 축복의 통로가 되고 선한 영향력을 끼치며 하나님의 나라를 세워가게 합니다.

그러나 야망의 길, 롯의 길은 무엇을 따를까요? 자신의 인간적 욕심을 따릅니다. 눈을 들어 요단을 바라보니 물이 넉넉하고 그저 편안하게 잘 살 수 있을 것 같습니다. 겉으로 보기에는 하나님의 축복인 것 같습니다. 철저히 자신의 인간적 욕심을 따라 갑니다.

> "이에 롯이 눈을 들어 요단 지역을 바라본 즉 소알까지 온 땅에 물이 넉넉하니 여호와께서 소돔과 고모라를 멸하시기 전이었으므로 여호와의 동산 같고 애굽 땅과 같았더라"(창13:10절)

롯은 지금 풍요를 찾느라고 이것이 다른 사람에게 축복을 나눌 수 있는 일인지, 선한 영향력을 미칠 수 있는지, 하나님의 나라를 위한 일인지 전혀 생각이 없습니다. 그저 자기 하나 풍요하게 살면 된다는 마음뿐입니다.

더 심각한 것은 이기적인 욕심으로 풍요를 찾아 도착한 곳이 어디입니까? 소돔입니다. 그런데 그 소돔이 어떤 곳입니까? 소돔 사람은 하나님 앞에 악을 행하며 큰 죄인입니다. 세상쾌락에 빠져 하나님 앞에 죄인으로 사는 사람들이 모여 사는 곳입니다.

"소돔 사람은 여호와 앞에 악하며 큰 죄인이었더라"(창13:13절)

지금 롯은 이기적이 욕심에 끌려 다른 사람에게 선한 영향력을 미치는 것이나, 축복의 통로가 되어야 한다는 것은 전혀 생각이 없습니다. 그곳이 죄악에 땅인 것도 전혀 생각하지 않습니다. 그저 넉넉하면 됩니다. 풍요하면 됩니다. 이기적인 길입니다. 이것이 야망의 길입니다. 이것이 야망의 길과 비전의 길의 차이입니다.

|셋째, 비전의 길과 야망의 길의 결과

비전의 길과 야망의 길의 결과는 어떻게 되었을까요? 먼저 야망의 길, 롯의 길은 인간적 욕심을 따라 갑니다. 세상쾌락을 따라 갑니다. 결과가 어떻게 되었습니까? 11절을 보면 롯은 동으로 옮겼습니다.

"그러므로 롯이 요단 온 지역을 택하고 동으로 옮기니"(창13:11절)

여기 동이라는 것은 약속의 땅인 가나안 땅의 동쪽 경계지점을 말합니다. 롯은 하나님과 세상의 경계지점으로 옮겨 간 것입니다.

동으로 옮겨간 롯은 다시 소돔으로 옮겨 갑니다. 소돔은 어디입니까? 앞에서 보았듯이 소돔은 하나님 앞에 악을 행했던 큰 죄인들이 사는 곳입니다. 롯은 점점 하나님과 멀어지고 세상에 더 깊이 빠져 들고 있습니다. 이것이 야망의 결과입니다. 세상에 쾌락을 좇아간 결과입니다.

"그 장막을 옮겨 소돔까지 이르렀더라"(창13:12절)
"소돔 사람은 여호와 앞에 악하며 큰 죄인이었더라"(창13:13절)

중동에 내려오는 이야기입니다. 사막을 여행하던 상인이 밤이 되어 천막을 치고 잠을 자는데 낙타가 슬그머니 머리를 들이 밀면서 머리라도 넣게 해달라는 것입니다. 상인이 마지못해 허락합니다.

그런데 잠시 후 낙타는 머리만 넣고 있는 것이 불편하니까 앞 다리만 넣을 수 없냐고 묻습니다. 상인은 공간을 만들어 허락을 했습니다. 그리고 잠시 후에 낙타는 천막이 열려 바람이 들어와 모두가 추우니까 차라리 안으로 들어가면 어떻겠냐고 합니다. 상인은 허락을 합니다.

그런데 둘이 같이 자기에는 천막이 좁아 불편했습니다. 낙타는 "주인님 천막이 좁아 서로 불편한데 주인님은 추위를 덜타니까 밖으로 나가시면 편할 것 같습니다." 결국 주인은 밖으로 밀려 나고 말았다는 이야기입니다.

세상 좇아가는 삶은 그런 것입니다. 세상에 내 마음을 조금 내어 주기 시작하면 어느새 나도 모르는 사이에 믿음은 어디가고 세상에 것으로 가득 차게 됩니다. 내 안에 낙타를 몰아내야 합니다. 그렇지 않으면 어느새 낙타는 조금씩 우리 마음에 천막을 차지하게 될 것입니다.

롯의 길의 결과는 어떻게 됩니까? 엘람과 주변의 동맹국들이 소돔을 약탈할 때 아내와 딸들과 함께 포로가 되고 재산을 약탈당하게 됩니다. 다행히 아브라함의 도움으로 다시 회복 하지만 롯은 하나님의 경고를 듣지 못하고 그곳을 떠나지 않습니다.

결국 하나님의 심판으로 소돔과 고모라가 망할 때 롯은 모든 것을 잃게 됩니다. 아내를 잃고 사위들을 잃었습니다. 딸들의 거짓에 넘어가 술에 취해 딸들과 관계하여 자식을 낳는 엄청난 일이 벌어집니다. 가정이 완전히 망했습니다.

이것이 롯의 결과입니다. 이기적 욕심을 따라 세상을 향해 갔던 야망의 결과입니다. 조금씩 옮겨 갔습니다. 그러나 세상에 깊이 빠져 갈수록 하나님의 징계는 커지는 것입니다. 하나님의 경고가 사랑이고 하나님의 징계가 사랑입니다. 돌이키지 않으면 결국 심판입니다.

그러나 아브라함의 길, 비전의 길의 결과는 어땠습니까? 그는 결국 하나님이 약속하신 가나안 땅을 얻게 됩니다. 그러나 거기서 끝나는 것이 아닙니다. 하나님께서 아브라함에게 자손을 별과 같이, 바다의 모래알같이 많게 할 것이라는 약속을 그대로 이루어 주십니다.

바울은 구원 얻은 믿음의 원조가 아브라함이라고 합니다. 그래서 아브라함을 믿음의 조상이라고 하지 않습니까? 지금도 예수 믿고 하나님의 자녀가 된 사람은 아브라함의 후손입니다. 지금까지 그렇게 구원받은 사람이 얼마나 많습니까? 하나님의 약속이 그대로 이루어 진 것입니다.

그리고 지금까지 하나님은 아브라함의 그 비전의 길을 따르는 사람들을 축복하십니다. 아브라함처럼 하나님을 믿고 비전의 길을 걷는 사람들을 하나님은 약속의 땅으로 인도하십니다. 믿음으로 비전의 길을 가는 구원받은 아브라함의 자손들을 영원한 땅, 천국으로 인도하십니다. 이것이 비전의 결과입니다.

"보이는 땅을 내가 너와 네 자손에게 주리니 영원히 이르리라"(창13:15절)

비전의 결과는 이 땅에 국한 된 것이 아닙니다. 올바른 비전은 하나님의 나라와 연관되어 있습니다. 그 나라까지 미치는 것입니다. 그래서 결국은 하나님 나라에서 영광의 면류관을 얻는 것입니다.

당신은 어느 길을 가고 있습니까? 롯의 길입니까? 아브라함의 길입니까? 야망의 길입니까? 비전의 길입니까? 이기적인 욕심을 채우는 욕망의 길입니까? 선한 영향력을 끼치고 다른 사람까지 복되게 하는 축복의 통로의 길입니까? 잠시의 낙을 누리다 멸망하는 길입니까? 영원한 하늘나라에서 영광을 얻는 길입니까?

우리에게 많은 것을 생각하게 하는 이야기를 들려 드리려고 합니다. 태평양 한 가운데 조그만 섬이 있었습니다. 그 섬은 항해를 하다 풍랑을 만나 표류해 들어오는 사람이 있으면 섬 바깥세상의 정보를 얻기 위해 표류자를 일 년 동안 왕으로 모시고 일 년이 지나면 왔던 그대로 떠나야 하는 풍습이 있었습니다.

어느 날 한 사람이 풍랑을 만나 간신히 스티로폼을 타고 그 섬을 찾아 왔습니다. 섬의 원주민들은 그를 환영하고 그가 입고 온 옷을 벗기고 타고 온 스티로폼을 받아서 잘 보관합니다. 그리고 이렇게 말합니다.

“당신은 앞으로 일 년 동안 저희 섬의 왕입니다. 무슨 일이든 할 수 있고 무슨 일이든 시킬 수 있습니다. 그러나 단 한 가지 조건은 꼭 일 년 후 오늘 입고 온 옷을 입고 타고 온 스티로폼을 타고 온 그대로 떠나야 합니다.”

표류자는 물었습니다. “혹시 이 섬에 나보다 먼저 온 사람이 있었나요?” 원주민들이 대답을 합니다. “두 사람이 있었습니다.” “그 사람들은 어떻게 살다 갔습니까?” 원주민들의 설명은 이렇습니다.

첫 번째 온 사람은 집을 지었습니다. 아주 큰 집을 짓고 섬에 있는 보물이란 보물을 다 끌어 모아 집에 쌓았습니다. 그리고 일 년 후에 원래 타고 온 널빤지를 타고 가다가 얼마 못가서 빠져 죽었습니다.

표류자는 두 번째 사람이 궁금했습니다. "두 번째 사람은요?" "첫 번째 사람도 이해할 수 없었지만 두 번째 사람도 이해할 수 없었습니다. 두 번째 사람은 첫 번째 사람이 만든 집과 보물을 보더니 가져가지도 못 할걸 뭐 하러 쌓아 놓느냐고 미련한 사람이라며 좋은 음식이나 많이 먹고 가야겠다며 몸에 좋다는 것을 열심히 먹었습니다."

"어떻게 되었나요?" "일 년이 지난 후 떠날 때가 되자 몸에 살이 많이 붙었습니다. 그런데 이 사람은 헤엄쳐서 들어 왔기 때문에 헤엄을 치고 떠났는데 어떻게 그 몸으로 헤엄을 치겠습니까? 결국 얼마 가지 못해 빠져 죽었습니다."

표류자는 그 말을 듣고 생각을 합니다. 그리고 그 섬을 둘러보다가 섬 가까운 곳에 조그만 무인도가 있는 것을 발견합니다. 그날부터 그는 왕으로서 명령을 내립니다. 원주민들로 하여금 그 조그만 무인도에 우물을 파게하고, 집을 짓게 하고, 밭을 갈아 식물을 심게 하고, 창고를 지어 양식을 쌓게 하고, 나무를 심고, 꽃을 심으며 일 년 동안 열심히 그 섬을 가꾸었습니다.

이렇게 일 년의 시간이 지났습니다. 그는 처음 타고 왔던 스티로폼을 이용해 그 섬에 안전하게 도착했습니다. 그곳은 그에게 또 다른 왕국이 되었습니다. 자신이 떠날 수밖에 없는 섬에 투자하지 않았습니다. 자신이 장차 가게 될 곳에 모든 것을 투자했습니다.

우리 인생은 반드시 떠나야 합니다. 당신은 어떤 길을 걷길 원하십니까? 당신은 어느 길을 가고 있습니까? 롯의 길입니까? 아브라함의 길입니까? 야망의 길입니까? 비전의 길입니까? 이기적인 욕심을 채우는 욕망의 길입니까? 선한 영향력을 끼치고 다른 사람까지 복되게 하는 축복의 통로의 길입니까? 잠시의 낙을 누리다 멸망하는 길입니까? 영원한 하늘나라에서 영광을 얻는 길입니까? 아니면 안주하며 서서히 죽어가고 있습니까? 당신의 선택은 무엇입니까?

CHAPTER 02
선택 – 비전의 길과 야망의 길

삼촌과 헤어져 떠나는 롯의 길은 야망의 길이라 할 수 있고 롯을 떠나보내고 남겨진 아브라함의 길은 비전의 길이라 할 수 있습니다. 왜 롯의 길은 야망의 길이라 하고 아브라함의 길은 비전의 길이라고 했을까요? 비전 여행을 하고 있는 우리는 이 질문에 바로 대답을 할 수 있어야 하겠습니다. 그래야 우리의 비전 여행이 끝까지 성공적인 여행이 될 수 있기 때문입니다. 과연 비전의 길과 야망의 길은 어떻게 다를까요?

첫째, 비전의 길과 야망의 길의 공통점

공통점이 뭡니까? 떠나는 것입니다. 그리고 그러기 위해 눈을 들어 바라보라는 것입니다. 그렇습니다. 비전의 길이든 야망의 길이든 우선은 떠나야 합니다. 지금의 삶에 안주하지 않는 것입니다. 그리고 새로운 삶에 도전하는 것입니다.

둘째, 비전의 길과 야망의 길의 차이점

비전의 길과 야망의 길의 차이는 어디에서 시작이 되었느냐 입니다. 야망의 시작은 자기 자신입니다. 그러나 비전은 하나님께서 시작하신다는 것입니다. 이루어가는 과정에도 차이가 있습니다. 야망의 길은 자기 힘으로 이루어 가고 비전의 길은 하나님이 이루어 가십니다. 비전은 선한 영향력을 나타내지만 야망은 이기적인 욕심을 향해 갑니다.

셋째, 비전의 길과 야망의 길의 결과

결국 하나님의 심판으로 소돔과 고모라가 망할 때 롯은 모든 것을 잃게 됩니다. 아내를 잃고 사위들을 잃었습니다. 딸들의 거짓에 넘어가 술에 취해 딸들과 관계하여 자식을 낳는 엄청난 일이 벌어집니다. 가정이 완전히 망했습니다. 이것이 롯의 결과입니다. 이기적 욕심을 따라 세상을 향해 갔던 야망의 결과입니다.

그러나 비전의 결과는 이 땅에 국한 된 것이 아닙니다. 올바른 비전은 하나님의 나라와 연관되어 있는 것입니다. 그 나라까지 미치는 것입니다. 그래서 결국은 하나님 나라에서 영광의 면류관을 얻는 것입니다.

생각해보기

1. 비전의 길을 열어가는 사람은 안주하지 않고 도전하는 사람입니다. 당신은 안주하는 사람입니까? 아니면 도전하는 사람입니까? 생각해 봅시다.

2. 당신은 비전의 길을 걷고 있습니까? 아니면 야망의 길을 걷고 있습니까? 생각해 봅시다.

CHAPTER 03

분별

1 아브람의 아내 사래는 출산하지 못하였고 그에게 한 여종이 있으니 애굽 사람이요 이름은 하갈이라 2 사래가 아브람에게
이르되 여호와께서 내 출산을 허락하지 아니하셨으니 원하건대 내 여종에게 들어가라 내가 혹 그로 말미암아 자녀를 얻을까
하노라 하매 아브람이 사래의 말을 들으니라 3 아브람의 아내 사래가 그 여종 애굽 사람 하갈을 데려다가 그 남편 아브람에
게 첩으로 준 때는 아브람이 가나안 땅에 거주한 지 십 년 후였더라 4 아브람이 하갈과 동침하였더니 하갈이 임신하매 그가
자기의 임신함을 알고 그의 여주인을 멸시한지라 5 사래가 아브람에게 이르되 내가 받는 모욕은 당신이 받아야 옳도다 내가
나의 여종을 당신의 품에 두었거늘 그가 자기의 임신함을 알고 나를 멸시하니 당신과 나 사이에 여호와께서 판단하시기를 원
하노라 6 아브람이 사래에게 이르되 당신의 여종은 당신의 수중에 있으니 당신의 눈에 좋을 대로 그에게 행하라 하매 사래가
하갈을 학대하였더니 하갈이 사래 앞에서 도망하였더라

창16:1-6절

분별 - 하나님과 세상

한국인의 급한 성격을 대변하는 구제적인 용어가 있다면 아마도 [빨리 빨리]일 것입니다. 외국에서 한국말을 모르는 식당종업원도 [빨리 빨리]는 잘 알아듣는 말입니다. 정말 우리는 [빨리 빨리]라는 말을 많이 씁니다. 아침부터 [빨리 빨리]로 시작됩니다. 빨리 일어나, 빨리 씻어, 빨리 밥 먹어, 빨리 학교가, 저녁에 집에 가면 빨리 숙제해, 빨리 씻고 자자.

이것을 풍자한 이야기들도 많습니다. 자판기 버튼을 누르고 다 나왔나 허리 굽혀 확인하고 손 넣고 기다리는 사람은 한국 사람이랍니다. 사탕을 빨아 먹지 않고 깨물어 먹다가 이빨이 부러지는 사람. 엘리베이터 타면 닫힘 버튼부터 누르는 사람. 화장실 들어가는 입구부터 바지 지퍼 내리는 사람은 한국 사람이랍니다. 정신과 전문의 50인이 선정한 한국인의 대표 콤플렉스는 역시 조급증이라고 합니다.

영국의 소프트웨어 업체 카나가 25세 이상 스마트폰 사용자를 대상으로 스마트폰을 얼마나 자주 확인하는지 조사했습니다. 영국 남성의 평균 확인 간격은 22분30초라고 합니다. 1분마다 들여다보는 이용자도 5%나 됐고 여성의 평균적인 스마트폰 확인 간격은 남성보다 조금 긴 26분15초였으며, 25~34세 청장년층은 9분55초로 더 자주 확인하는 것으로 나타났습니다. 35~44세는 평균 21분, 45~54세는 평균 36분, 55~64세는 평균 1시간30분으로 연령대가 높아질수록 길어지다가 65세 이상에서는 다시 45분으로 감소했다고 합니다.

이제는 스마트폰이 문명의 편리함을 넘어 현대인의 생활을 속박하고 있습니다. 특히 스마트폰 이용자들이 메일과 소셜네트워킹 서비스(SNS) 등을 통해 끊임없이 타인의 반응을 기다리는 '디지털 조급증'도 확산하고 있다고 합니다(2014년 1월 30일 연합뉴스).

그런데 이 조급증이 고혈압을 불러올 수 있다는 사실을 아십니까? 미국 노스웨스턴대학의 리징 얀 연구팀장은 "젊은 시절의 조급하고 초조한 성격이 훗날 고혈압에 걸릴 위험과 관련 있다는 사실을 확인했다."면서 "초조하고 성급한 감정이 강할수록 장기적으로 고혈압에 걸릴 위험이 더 높아진다."고 합니다.

사람에게 여유가 없어 조급해지면 생기는 것이 또 있는데 바로 분별력의 상실입니다. 본문에 아브라함도 하나님께서 분명히 땅과 아들을 약속하셨고 13장과 15장에서 보듯이 그 약속을 재차 확인시켜 주셨습니다. 그러나 기다림의 여유가 없어 조급한 마음에 분별력을 상실하고 실수하는 모습을 볼 수 있습니다.

사실 문제는 아브라함의 아내 사라에게서 시작 됩니다. 이들 부부에게 아들이 없었습니다. 당시에 아들이 없다는 것은 아내의 책임이었고 그것은 여인에게 큰 수치였습니다. 아들을 낳지 못한 사라의 마음이 조급해졌습니다. 판단이 흐려진 사라는 분별력을 잃고 남편 아브라함에게 여종인 하갈을 통해 자녀를 얻을 것을 요구합니다.

사실 하나님께서 아브라함에게 하신 약속은 하갈을 통해서 주시는 것이 아닙니다. 사라를 통해 약속을 이루실 것입니다. 그러나 아브라함은 아내의 말을 듣고 하갈과 동침하여 하갈이 임신 하게 됩니다.

그런데 아브라함의 이 행동이 오늘날 엄청난 결과를 가져왔다는 사실을 아시지 않습니까? 왜 그랬습니까? 하나님의 약속을 기다리지 못하고 조급하여 분별력을 상실함에서 비롯된 것입니다.

그래서 비전 여행 가운데 반드시 필요한 것이 있다면 하나님의 약속을 여유 있게 기다리며 어떤 상황에서도 판단력이 흐려지지 않고 바르게 분별하는 것입니다. 그래야 우리는 비전 여행을 흔들리지 않고 바르게 걸어 갈 수 있습니다.

본문에 나타난 아브라함의 실수를 통해 우리의 비전 여행에서 바르게 분별해야 하는 것이 무엇인지 함께 살펴봅시다. 당신의 비전 여행이 흔들리지 않고 걸어가기 위해 분별해야 할 것이 무엇입니까?

|첫째, 사람의 소리와 하나님의 소리를 분별해야 합니다.

다시 말씀드리지만 이 시대 여인에게 아들이 없다는 것은 전적으로 여자의 책임입니다. 그래서 자식이 없는 여자는 스스로 수치스럽게 여겼고 다른 사람들도 그 여자를 수치스럽게 여겼습니다.

창세기 미드라쉬에 보면 임신한 하갈이 사라를 멸시하면서 "아이를 못 낳는 것을 보면 사라 당신은 하나님이 기뻐하시는 여인이 아니오."라고 말합니다. 하나님께서 잉태하지 못하는 벌을 주셨다는 것입니다. 사라의 마음이 얼마나 힘들었겠습니까?

강조해서 말씀드립니다. 마음이 편치 않을 때는 중요한 결정을 내리는 것이 아닙니다. 잘못된 판단을 할 가능성이 높기 때문입니다. 사라의 입장에서 보면 사라는 조급합니다. 마음이 상당히 괴롭습니다.

그런 사라의 마음에서 바른 결정이 나오겠습니까? 하나님의 뜻이 담겼겠습니까? 그 소리엔 인간적인 육신의 생각으로 가득 차

있습니다. 이것이 사라의 소리입니다. 인간의 소리입니다. 그러나 하나님의 소리는 무엇입니까? 사라를 통해 아들을 주신다는 약속입니다.

아브라함이 어떤 소리를 들었습니까? 창세기16장22절을 보면 아브라함은 사라의 소리를 들었습니다. 하나님의 소리를 무시하고 사람의 소리를 들었습니다.

> "사래가 아브람에게 이르되 여호와께서 내 출산을 허락하지 아니하셨으니 원하건대 내 여종에게 들어가라 내가 혹 그로 말미암아 자녀를 얻을까 하노라 하매 아브람이 사래의 말을 들으니라"(창16:2절)

|사람의 소리를 듣는 것은 망하는 길입니다.

사람의 소리를 듣는 것은 망하는 길입니다. 부부가 결혼한 지 30년이 되었습니다. 결혼기념일에 천사가 나타나 부부의 소원을 들어준다고 했습니다. 아내가 말했습니다. "우리는 가난해서 해외여행을 못했습니다. 세계 일주를 하고 싶습니다." 그러자 세계여행권이 나왔습니다.

남편은 갈등이 되었습니다. 하나님의 소리는 아내와 행복하게 세계여행을 하라는 것이고 사람의 소리는 반대합니다. 결국 남편은 사람의 소리를 듣고 천사에게 조용히 말합니다. "나는 나보다 30살 젊은 여자와 살았으면 좋겠습니다." 그러자 천사의 즉각적 응답으로 남편은 순식간에 90살이 되었습니다.

사랑한다고 결혼했습니다. 그런데 그날부터 싸움이 시작됩니다. 왜요? 서로 주도권 쟁탈전을 벌이는 것입니다. 친구들에게 들었거든요. 처음부터 여자를 꽉 잡아야 한다는 것입니다. 처음에 잡히면 평생 잡혀 산다는 것입니다. 처음부터 이것저것 다 들어 주면 길들여져서 평생 노예로 산다는 것입니다. 주도권을 잡으라 라고 합니다.

사람의 소리를 들은 것입니다. 친구들이 들려준 사람의 소리를 듣는 순간부터 전쟁은 시작됩니다. 다 망하는 것을 모르고 피나도록 싸우는 것입니다. 사람의 소리를 듣기 때문에 기대 속에 출발한 가정의 비전 여행이 형편없이 망가지고 종국에는 파멸이 되는 것입니다.

사라의 소리는 사람의 소리였습니다. 하나님의 소리가 아니었습니다. 결국 엄청난 비극을 만들었습니다. 흔들리지 않고 비전 여행을 하려면 사람의 소리와 하나님의 소리를 분별하십시오. 그리고 사람의 소리가 아닌 하나님의 소리에 순종해야 합니다.

둘째, 사람의 시간과 하나님의 시간을 분별해야 합니다.

두 번째는 시간을 분별해야 합니다. 인간의 때가 있고 하나님의 때가 있습니다. 인간이 생각하는 시간이 있고 하나님이 정하신 시간이 있습니다. 아브라함은 하나님의 때를 분별하지 못했습니다.

아브라함이 하란을 떠나 비전 여행을 시작한 때가 그의 나이 75세였습니다.

"이에 아브람이 여호와의 말씀을 따라갔고 롯도 그와 함께 갔으며 아브람이 하란을 떠날 때에 칠십오 세였더라"(창12:4절)

그리고 아브라함이 하갈을 통해 아들을 낳은 나이가 86세였습니다.

"하갈이 아브람에게 이스마엘을 낳았을 때에 아브람이 팔십육 세였더라"(창16:16절)

정리해봅시다. 아브라함이 하란을 떠날 때 75세였습니다. 그리고 이스마엘을 낳을 때가 86세였어요. 그러면 오늘 본문은 이스마엘을 잉태였을 때니까 몇 세이겠습니까? 85세입니다. 그래서 창세기 16장3절은 아브라함이 하나님의 약속을 받고 비전 여행을 떠난 지 벌써 10년이 지났다고 합니다.

"아브람의 아내 사래가 그 여종 애굽 사람 하갈을 데려다가 그 남편 아브람에게 첩을 준 때는 아브람이 가나안 땅에 거주한 지 십 년 후였더라"(창16:3절)

아브라함은 지금 10년을 기다렸습니다. 10년이나 기다리면 된 것 아닙니까? 얼마나 더 기다려야 합니까? 거기에 아내의 몸을 보니 이제 출산하기는 틀린 것 같습니다. 인간적인 생각으로 사라를 통해 자식을 주신다는 약속은 물 건너 간 것 같습니다.

아브라함이 어떻게 더 기다리겠습니까? 자신에게 자식 출산을 허락하지 않았다는 사라의 말이 하나님의 약속과 다르다는 것은 알지만 아브라함이 하나님의 약속을 더 기다린다는 것은 상식적으로 힘든 것입니다. 그렇습니다. 인간의 생각으론 아브라함의 이런 행동은 당연한 것입니다. 누가 손가락질을 하겠습니까? 우리가 십년을 기다리겠습니까?

그러나 아브라함이 놓치고 있는 것이 있습니다. 하나님은 죽은 자를 살리시는 하나님이라는 것입니다. 아브라함은 그 사실을 본문에 나온 사건 이후에 깨닫게 됩니다. 비로소 아브라함은 하나님께서 죽은 태를 여실 수 있는 분임을 믿게 됩니다.

> "그가 믿은바 하나님은 죽은 자를 살리시며 없는 것을 있는 것으로 부르시는 이시니라"(롬4:17절)

그래서 이 사건 이후 아브라함은 무려 15년 동안을 더 기다립니다. 그리고 마침내 하나님의 시간인 아브라함의 나이 백세에, 그러니까 처음 약속을 받고 25년이 지나서야 아들-이삭을 얻게 된 것입니다.

기억하십시오. 아브라함이 생각한 시간과 하나님께서 생각하신 시간은 달랐습니다. 아브라함은 큰 실수를 했습니다. 그리고 실수 후에 깨닫고 하나님의 때를 기다렸습니다.

어쩌면 본문의 실수로 인해 하나님의 약속이 늦어진 것은 아닐까 하는 생각을 하게 됩니다. 그래서 하나님의 때를 기다려야 합니다. 분명히 하나님께서 정하신 시간이 있습니다. 그때를 잘 분별해야 합니다. 기다려야 합니다.

그러나 이것이 얼마나 힘든 것인지 알기 때문에 저도 자신 있게 말씀드리기가 어렵습니다. 이 말씀을 묵상하면서 저도 부끄러웠습니다.

고등학교 1학년 때 예수님을 만나고 저에게 중요한 기도 제목이 있었는데 둘째 형님의 구원입니다. 큰 형님의 말로는 둘째 형님이 초등학교 때부터 교회를 다녔고 중학교 때는 목사가 되겠다고 했었다는 것입니다. 그러나 언제부터인가 교회를 안 나가고 제가 고등학교 때는 교회 나가는 저를 핍박하기까지 했습니다.

그런 형님이 약속하기도 했지만 그 영혼이 다시 하나님 품으로 돌아오기를 얼마나 기다리실까 하는 안타까운 마음과 혹시 구원받지 못했으면 어떻게 하나 하는 염려 가운데 간절한 마음으로 고등학교 때부터 기도했습니다.

그러나 시간이 지날수록 형님은 제 기도와는 상관없이 주님과 점점 먼 길을 향해 갔습니다. 그런 형님을 위해 10년 넘게 기도했지만 형님은 단순히 교회를 안 나가는 정도가 아니라 언제부터인지 아예 사이비종교에 빠졌습니다.

너무나 실망이 됐습니다. 기도하기도 지쳤습니다. '이쯤 되면 응답해주셔야 하는 것이 아닌가?' 하는 불만도 생겼습니다. 그러면서 언제부터인가 기도를 멈추게 되었습니다. 그러다 안타까운 마음이 들면 다시 기도하기 시작했지만 곧 지치게 되고 또 기도를 멈추게 됩니다. 이것이 반복 되면서 이젠 형님의 구원자체를 잊고 포기하고 있었던 것입니다.

말씀을 묵상하면서 내가 생각한 때에 응답이 이루어지지 않았다고 실망하고 불평을 하고 포기하고 있는 저의 모습을 보면서 감히 아브라함을 향해 손가락질 할 수 없었습니다. 오히려 25년을 기다린 아브라함이 존경스럽다는 생각이 들어 하나님께 회개 했습니다.

|53년을 기도한 조지 뮬러

그러면서 생각난 것이 조지 뮬러의 기도였습니다. 평생 5만 번 이상 기도 응답을 받았다고 하는 기도의 종-조지 뮬러(George Muller, 1805-1898) 목사님은 매일 기도응답일기를 썼는데 목사님이 세상을 떠난 후 그 일기장에 기록된 응답을 세어보니 5만 번이 넘었다고 합니다.

그의 일기에는 이런 고백도 있습니다. 1844년 그는 다섯 사람의 회심을 위해 기도를 시작합니다. 단 하루도 거르지 않고 그들을 위해 기도했더니 18개월이 지나서 그 중에 한 사람이 회심을 했습니다. 그는 하나님께 감사했습니다. 그리고 남은 사람을 위해 기도하는데 5년 후에 두 번째 사람이 회심했고 6년이 지나자 세 번째 사람이 회심을 했습니다.

그리고 그는 계속해서 이렇게 기록합니다. "하나님은 기도 한 후 한 시간이나 당일 내로, 수만 번이나 응답해 주셨다. 그러나 남은 두 사람을 위해 36년 가까이 날마다 기도했건만 그들은 아직도 회심하지 않고 있다. 하지만 나는 하나님을 바라고 계속 기도하며 여전히 응답을 기다린다. 그들은 아직 회심하지 않았지만 언젠가는 회심할 것이다."

이 두 사람이 어떻게 되었을까요? 두 명 중에 한 사람은 뮬러가 죽기 전에 회심을 합니다. 그러나 뮬러의 죽음 후에도 회심을 하지 않은 나머지 한 사람은 뮬러의 장례식장에 와서 뮬러의 기도수첩을 보고 친구인 뮬러가 자신을 위해 그렇게 기도한 사실을 알고 회심을 했다고 합니다. 그리고 그는 뮬러의 기도는 응답되었다고 간증했다고 합니다.

우리는 너무 쉽게 포기하지 않습니까? 내가 정한 시간이 하나님이 정한 시간과 다를 수 있습니다. 내가 기다리는 한계에 도달했다고 포기하면 안 됩니다. 하나님의 시간을 기다려야 합니다. 뮬러는 그 한 사람의 구원을 위해 53년을 기도했습니다. 아브라함은 자신의 잘못을 깨닫고 14년을 더 기다려서 무려 25년 만에 하나님의 응답을 받았습니다.

내가 정한 시간과 하나님이 정하신 시간은 다릅니다. 그러나 분명한 것은 하나님이 정하신 시간은 반드시 이루어집니다. 비전의 길을 흔들리지 않고 가려면 사람의 시간과 하나님의 시간을 분별하십시오.

셋째, 사람의 방법과 하나님의 방법을 분별해야 합니다.

세 번째 우리가 분별해야 할 것은 일을 행하는 방법입니다. 조급해진 아브라함이 실수한 것이 사람의 방법과 하나님의 방법을 분별하지 못했습니다. 그래서 하나님의 방법이 아닌 사람의 방법을 행하게 됩니다. 사람의 소리를 듣고, 사람의 시간을 생각한 아브라함은 결국 사람의 방법을 택했습니다. 하나님의 방법인 사라를 통해 약속을 이루시는 것인데 인간의 방법인 하갈을 택한 것입니다.

"아브라함이 하갈과 동침하였더니"(창16:4절)

아브라함의 입장에서 보면 변명할 것이 있습니다. 아내가 임신을 하지 못합니다. 그 당시는 아내가 임신하지 못하면 첩을 통해서 아들을 낳는 것입니다. 그렇게 대를 잇는 것입니다. 그것이 세상의 통념입니다. 누가 뭐라 할 사람이 없습니다. 그것이 사람의 방법입니다.

그러나 세상이 다 그렇게 산다고 그것이 옳은 것은 아닙니다. 사람의 방법이 세상의 관행이고, 세상의 일반적인 생각이라 할지라도 하나님의 말씀과 다르다면 그것은 틀린 것입니다. 아무리 손해를 보고 바보가 되더라도 우리는 하나님의 방법을 따라야 합니다.

하나님은 항상 옳습니다.

우리가 반드시 가져야 할 기준이 있습니다. 하나님이 항상 옳다는 것입니다. 그러나 어떤 그리스도인은 세상이 하나님과 반대되는 것이 많다보니까 세상을 하나님의 법대로 살수 없는 것이라고 하나님의 법을 무시하고 세상의 법대로 살아갑니다.

그러나 그가 그리스도인이라면 그 일을 행할 때 분명히 마음에 찔림이 있습니다. 그것이 하나님의 사랑입니다. 그 순간 아무리 손해를 본다 해도 회개하고 돌이켜야 합니다. 돌이키지 못하면 더 깊은 세상으로 빠지게 됩니다. 결국 나중엔 하나님의 법이 틀렸다고 하게 됩니다. 아닙니다. 하나님은 항상 옳습니다.

포스트모더니즘 시대를 살면서 사람들은 절대 진리를 부정하려 합니다. 왜 결혼 전에 순결을 지켜야 합니까? 살아봐야 그 사람을 알고, 그 사람을 알고 결혼해야 결혼에 실패하지 않는다는 것입니다.

뭐 하러 혼인신고를 먼저 합니까? 결혼해서 살아 보고 혹시 헤어지면 혼인 신고한 것이 발목을 잡는데....... 혼인신고 일찍 하는 것은 바보 같은 짓입니다. 살아 보고 천천히 혼인신고를 해도 늦지 않다는 것입니다.

이것은 사람의 방법입니다. 막말로 과거 우리 어머니들은 아버지가 시집가라면 무조건 시집을 갔습니다. 그러나 살아보고 결혼한 오늘날 커플처럼 그렇게 쉽게 이혼하지 않으셨습니다. 오히려 더 건강한 가정을 이루셨습니다.

혼전순결이 구시대의 산물이 아닙니다. 그렇게 살면 뒤떨어지는 사람처럼 이야기 하지만 그렇지 않습니다. 그것이 하나님의 방법입니다. 하나님은 항상 옳은 것입니다. 아무리 세상의 관행이 그렇다 할지라도 우리는 하나님의 방법을 따라 사는 사람입니다. 그 속에 우리의 행복이 있습니다.

아브라함을 보세요. 세상의 방법, 세상의 관행을 따라 첩을 통해 아들을 얻었습니다. 그렇게 아들을 얻어서 뭐하겠다는 것입니까? 이스마엘을 볼 때 아브라함의 마음에 자식이니까 행복했겠지만 다른 한편으로 평생 이스마엘을 볼 때마다 하나님께 부끄러웠을 것입니다.

사람의 방법을 사용하면 낭패를 당합니다. 어느 날 예쁜 아가씨가 할머니와 함께 과일 가게에 들렀습니다. 아가씨는 생글생글 웃으며 주인에게 물었습니다. "아저씨, 이 사과 한 개에 얼마예요?" 그러자 아저씨는 아가씨를 향해 짓궂은 농담을 합니다. "한 개 정도는 뽀뽀 한 번 해주면 그냥 줄 수도 있어요."

"좋아요. 그럼 다섯 개 주세요." 가게 주인은 너무 기뻐서 얼른 사과 다섯 개를 주면서 말합니다. "자, 이제 뽀뽀 다섯 번 해줘요!" 그러자 아가씨가 생글 생글 웃으며 다가오더니 이렇게 말합니다. "계산은 저희 할머니가 해 주실 거예요~!"

아브라함을 보세요. 인간의 방법을 선택한 결과가 무엇입니까? 사라는 하갈에게 멸시를 당하고 결국 부부사이에 다툼이 생기고 마침내 사라는 임신한 하갈을 쫓아내는 아주 몹쓸 짓을 하게 되었습니다.

이 일로 인해 17장까지 무려 14년 동안 하나님께서 아브라함에게 침묵하시고 아브라함은 영적 암흑기를 지나가게 됩니다. 그렇게 낳은 이스마엘을 통해 평생 아브라함은 후손들이 피터지게 다투게 되는 엄청난 결과를 낳게 되었습니다.

사람의 방법과 하나님의 방법을 분명하게 분별해야 합니다. 그리고 사람의 방법을 버리십시오. 하나님의 방법이 항상 옳습니다. 하나님의 방법에 우리의 행복이 있습니다. 그곳에 생명이 있고 축복이 있습니다.

미국의 한 유명한 교회에 젊은 목사가 이름이 알려지면서 목회 현장을 버리고 정계로 나가 국회의원이 되었습니다. 그는 야심차게 활동을 했습니다. 그러나 정치라는 진흙탕에 빠져 허우적거리는 사이에 신앙은 점점 시들어지고 교회와 점점 멀어지게 됩니다. 친구들이 진심으로 충고를 하지만 듣지 않았습니다. 자신의 내면에서 들리는 무슨 일이 있어도 권력을 쥐고 꿈을 이루겠다는 인간의 소리를 듣고 수단과 방법을 가리지 않고 인간의 방법을 동원하는 동안 어느새 그는 불신자가 되고 말았습니다.

어느 날 술에 취해 집에 돌아 왔는데 이제 글을 배우기 시작한 딸이 "아빠! 나 이제 책을 읽을 수 있다." 하고 말합니다. "그래? 우리 예쁜 딸 어디 한번 아빠한테 읽어 줄래?" 어린 딸은 고사리 같은 손으로 조그만 성경책을 펴고 읽었습니다. "마음을 다하여 주 너의 하나님을 사랑하라."

또박또박 읽은 딸은 자랑스럽게 아버지의 얼굴을 쳐다보았습니다. 초롱초롱한 딸의 눈을 보는 순간 아버지의 눈에는 눈물이 비 오듯 흘러내립니다. 견디다 못한 그는 딸을 피해서 자신의 방으로 들어가 문을 잠그고 한참이나 소리 내어 울었습니다.

"하나님, 제가 잘못했습니다. 마음과 정성을 다해서 주님을 사랑하겠습니다. 제가 하나님을 떠나 이렇게 인생이 망가졌지만 그래도 주님을 사랑합니다." 그리고 진정으로 회개하고 하나님 품으로 돌아왔다고 합니다.

왜 우리 부부의 비전여행이 흔들립니까? 왜 우리 사업의 비전여행이 흔들립니까? 왜 우리 인생의 비전여행이 흔들립니까? 혹시 분별해야 할 것을 잘못 분별하고 있지 않습니까? 하나님의 때를 기다리지 못하고 사람의 소리에 끌려 사람의 방법으로 행하다 이런 결과가 생긴 것이 아닙니까?

우리는 다시 하나님께 돌아가야 합니다. 십자가 앞에 무릎을 꿇어보십시오. 그리고 그 주님 앞에 비틀어진 내 인생을 내려놓아 보세요. 그때부터 하나님의 소리가 들려 올 것입니다. 그 소리에 우리 인생에 해답이 들어 있습니다. 그 소리에 우리 인생에 소망이 들어 있습니다. 그 소리에 하나님의 약속이 들어 있습니다.

CHAPTER **03**

분별 - 하나님과 세상

+ Abraham + + + + + + Abraham

비전 여행 가운데 반드시 필요한 것이 있다면 하나님의 약속을 여유 있게 기다리며 어떤 상황에서도 판단력이 흐려지지 않고 바르게 분별하는 것입니다. 그래야 우리는 비전 여행을 흔들리지 않고 바르게 걸어 갈 수 있습니다. 아브라함의 실수를 통해 당신의 비전 여행에서 바르게 분별해야 하는 것이 무엇인지 함께 살펴봅시다.
당신의 비전 여행이 흔들리지 않고 걸어가기 위해 분별해야 할 것이 무엇입니까?

첫째, 사람의 소리와 하나님의 소리를 분별해야 합니다.
사라의 소리는 사람의 소리였습니다. 하나님의 소리가 아니었습니다. 결국 엄청난 비극을 만들었습니다. 흔들리지 않고 비전 여행을 하려면 사람의 소리와 하나님의 소리를 분별하십시오. 그리고 사람의 소리가 아닌 하나님의 소리에 순종해야 합니다.

둘째, 사람의 시간과 하나님의 시간을 분별해야 합니다.
내가 정한 시간이 하나님이 정한 시간과 다를 수 있습니다. 기다리는 한계에 도달했다고 포기하지 말고 하나님의 시간을 기다려야 합니다. 뮬러는 한 사람의 구원을 위해 53년을 기도했습니다. 아브라함은 무려 25년 만에 하나님의 응답을 받았습니다. 하나님이 정하신 시간은 반드시 이루어집니다. 비전의 길을 흔들리지 않고 가려면 사람의 시간과 하나님의 시간을 분별하십시오.

셋째, 사람의 방법과 하나님의 방법을 분별해야 합니다.
아브라함은 세상의 방법, 세상의 관행을 따라 첩을 통해 아들을 얻었습니다. 그렇게 아들을 얻어서 뭐하겠다는 것입니까? 이스마엘을 볼 때 아브라함의 마음에 자식이니까 행복했겠지만 다른 한편으로 평생 이스마엘을 볼 때마다 하나님께 부끄러웠을 것입니다. 사람의 방법을 사용하면 낭패를 당합니다. 사람의 방법과 하나님의 방법을 분명하게 분별해야 합니다. 하나님의 방법에 우리의 행복이 있습니다. 그곳에 생명이 있고 축복이 있습니다.

생각해보기

1. 당신의 삶 가운데 사람의 소리를 들어 낭패를 당한 경험을 생각해 봅시다.

2. 당신이 하나님의 때를 기다리며 오랜 시간 기도하고 있는 기도제목을 생각해 봅시다.

3. 세상 속에 살면서 하나님의 방법과 사람의 방법 사이에 갈등하고 있는 것이 있다면 생각해 봅시다.

CHAPTER 04 기도

22 그 사람들이 거기서 떠나 소돔으로 향하여 가고 아브라함은 여호와 앞에 그대로 섰더니 23 아브라함이 가까이 나아가 이
르되 주께서 의인을 악인과 함께 멸하려 하시나이까 24 그 성 중에 의인 오십 명이 있을지라도 주께서 그 곳을 멸하시고 그
오십 의인을 위하여 용서하지 아니하시리이까 25 주께서 이같이 하사 의인을 악인과 함께 죽이심은 부당하오며 의인과 악인
을 같이 하심도 부당하니이다 세상을 심판하시는 이가 정의를 행하실 것이 아니니이까 26 여호와께서 이르시되 내가 만일
소돔 성읍 가운데에서 의인 오십 명을 찾으면 그들을 위하여 온 지역을 용서하리라 27 아브라함이 대답하여 이르되 나는 티
끌이나 재와 같사오나 감히 주께 아뢰나이다 28 오십 의인 중에 오 명이 부족하다면 그 오 명이 부족함으로 말미암아 온 성
읍을 멸하시리이까 이르시되 내가 거기서 사십오 명을 찾으면 멸하지 아니하리라

창18:22-28절

기도 – 여행의 동력

이스라엘 성지순례를 갔을 때 사해바다를 보고 왔습니다. 몸이 저절로 뜬다는 말을 들었는데 실재 들어가 보고 몸이 저절로 뜨는 것을 경험하고 참 신기했습니다. 이 사해 바다는 말 그대로 죽음의 바다입니다. 아니 죽음의 호수입니다.

왜 이 바다가 죽음의 바다인 사해라고 불릴까요? 그곳은 소금의 농도가 매우 높아 세균을 제외하면 어떤 생물도 살지 못하는 곳이기 때문입니다. 작은 하천을 통해 작은 물고기들이 유입되지만 바로 죽고 물고기가 없으니 호수 위에 새들조차 날아다니지 않는 말 그대로 죽음의 바다인 것입니다.

해발 2,815m인 헐몬산에서 발원하여 갈릴리로 들어 간 물이 요단강을 흘러 사해바다로 들어갑니다. 이곳은 지구상에 가장 낮은 지역으로 해수면 보다 418m나 낮기 때문에 물이 들어오지만 흘러 나가는 곳이 없습니다.

남북으로 길이 80㎞, 동서로 너비가 좁은 곳이 4㎞, 넓은 곳이 18㎞로 최대 수심이 396m에 달합니다. 사해는 두 개의 수역으로 나뉘게 되는데 북쪽 수역은 호수 전체 표면적의 약3/4을 차지하고 수심도 396m에 달하는 반면 남쪽 수역은 수심이 평균 3m 미만입니다.

이 사해가 오늘 우리에게 무슨 의미가 있을까요? 과거 소돔과 고모라의 심판이 그저 죄에 대하여 경고하기 위해 제사장들이 지어낸 이야기라고 말하는 이들이 있었습니다. 그러나 시간이 지나 과학이 발달하면서 소돔과 고모라의 존재가 분명하게 드러나게 되었는데 이 소돔과 고모라가 사해 남부에 있었다고 합니다.

앞에서 보았지만 창세기13장에 보면 아브라함과 롯이 헤어질 때 롯이 소돔을 선택한 이유가 그곳이 비옥했기 때문이었습니다. 창세기13장10절에 이렇게 묘사합니다.

> "이에 롯이 눈을 들어 요단 지역을 바라본 즉 소알까지 온 땅에 물이 넉넉하니 여호와께서 소돔과 고모라를 멸하시기 전이었으므로 여호와의 동산 같고 애굽 땅과 같았더라"(창13:10절)

그런데 중요한 것은 창세기19장24절을 보면 이렇게 아름다운 땅이 멸망했다는 것입니다.

"여호와께서 하늘 곧 여호와께로부터 유황과 불을 소돔과 고모라에 비같이 내리사 그 성들과 온 들과 성에 거주하는 모든 백성과 땅에 난 것을 다 엎어 멸하셨더라"(창19:24절)

하나님께서 불과 유황으로 멸하신 이유가 무엇일까요? 창세기 18장20절에서 하나님은 아브라함에게 소돔과 고모라를 멸하는 이유를 이렇게 설명하십니다. [부르짖음이 크고]-그 땅에서 억울한 자들이 애절하게 호소하고 있다는 것입니다. [죄악이 심히 무거우니]-죄악이 상상할 수 없을 정도로 심했다는 것입니다.

"여호와께서 또 이르시되 소돔과 고모라에 대한 부르짖음이 크고 그 죄악이 심히 무거우니"(창18:20절)

본문에서도 나오지만 그 성을 지킬 수 있는 의인 열 명이 없었습니다. 모두가 멸망할 수밖에 없는 상황입니다. 그런데 그 가운데 생존한 사람이 있었으니 바로 아브라함의 조카 롯이었습니다. 롯이 어떻게 생존할 수 있었을까요? 29절을 보면 [아브라함을 생각하사] 그랬습니다. 하나님은 아브라함 때문에 롯을 구해주셨습니다.

"하나님이 그 지역의 성을 멸하실 때 곧 롯이 거주하는 성을 엎으실 때에 하나님이 아브라함을 생각하사 롯을 그 엎으시는 중에서 내보내셨더라" (창19:29절)

왜 하나님이 아브라함을 생각하셨을까요? 본문은 왜 하나님께서 아브라함을 생각하게 되었는지 그 배경을 설명하면서 특별히 아브라함이 하나님께 롯과 소돔을 위해 간청하는 대화, 즉 기도의 내용을 설명합니다. 결론적으로 말하면 아브라함의 기도 때문에 아브라함을 생각하게 되셨고 그래서 롯을 구하셨던 것입니다.

아브라함이 어떻게 기도했기에 하나님께서 롯을 구해주셨을까요? 롯을 구한 아브라함의 기도는 어떤 기도일까요? 아브라함의 기도를 살펴보면서 우리도 어떻게 하면 비전여행 가운데 이웃을 살리는 영향력 있는 기도를 할 수 있을지 함께 알아봅시다. 이웃을 살리는 선한 영향력을 나타내는 비저너리는 어떻게 기도해야 할까요?

첫째, 기도의 대상은 하나님입니다.

아브라함에게 정성스런 섬김을 받은 하나님과 그 일행이 일어났습니다. 두 사람은 소돔과 고모라에 죄악이 심히 무거워 그곳으로 가겠다며 소돔을 향하여 가고 하나님만 남았을 때에 전송을 나온 아브라함은 걱정이 되었습니다. 왜냐하면 소돔엔 조카 롯이 있기 때문입니다.

조카 롯을 구하려는 아브라함이 어떻게 했을까요? 22절을 보면 하나님 앞에 그대로 서있습니다. 이어서 23절을 보면 아브라함은 하나님께 가까이 나아갔습니다. 그리고 하나님께 말씀을 드립니다.

"그 사람들이 거기서 떠나 소돔으로 향하여 가고 아브라함은 여호와 앞에 그대로 섰더니 아브라함이 가까이 나아가 이르되 주께서 의인을 악인과 함께 멸하려 하시나이까"(창18:22-23절)

왜요? 하나님께 소돔과 고모라의 운명이 달려 있기 때문입니다. 소돔과 고모라가 멸망을 해도 롯의 가족을 살릴 수 있는 분이 하나님임을 알기 때문입니다. 그래서 하나님께 말씀을 드립니다. 이것이 바로 기도입니다.

우리는 이것을 기억해야 합니다. 우리의 기도의 대상이 누구냐는 것입니다. 아브라함은 하나님 앞에 가까이 갔습니다. 왜요? 하나님께서 우리를 창조하셨을 뿐만 아니라 하나님께서 우리의 삶을 붙들고 계신 분이기 때문입니다.

누가 우리 삶의 해답을 가지고 있습니까? 2009년 소천하신 한국대학생선교회를 창립하며 이 땅에 젊은이들에게 많은 영향력을 미쳤던 김준곤 목사님은 [백문일답]이란 말을 자주하셨습니다. '백문일답'이 무엇입니까? 백가지 물음이 있어도 대답은 항상 하나라는 것입니다.

그래서 목사님은 늘 사람들에게 이렇게 물었습니다. "우리 아이들에게 가르쳐야 할 길은 어디 있습니까?" 그러면 사람들이 이렇게 대답합니다. "예수 그리스도." "행복한 결혼생활의 비결이 어디에 있습니까?" "예수 그리스도." "복 받는 비결이 어디에 있습니까?"

"예수 그리스도." "우리 문제의 해답이 어디 있습니까?" "예수 그리스도." 우리 인생에 많은 질문과 문제들이 있지만 그 모든 질문에 해답은 예수 그리스도라는 것입니다.

이제 그만 방황합시다. 우리 가정의 문제는 예수 그리스도 앞에 나오지 않는 한 해결 될 수 없습니다. 우리 자녀의 문제는 하나님 앞에 나오지 않으면 해결할 방법이 없습니다. 내 힘으로 해결 할 수 없는 내 안에 그 문제도 예수님의 십자가 앞에 나오지 않으면 해결할 방법이 없습니다. 예수 그리스도가 해답입니다.

예수님 앞에서 답을 얻어야 합니다.

저의 지나온 삶 가운데 가장 힘들었던 때는 고등학교 시절이었다고 생각됩니다. 중학교 때 아버님이 돌아가셨습니다. 혼자서 네 아들을 키우시던 어머니께서 갑자기 유방암 판정을 받으셨습니다. 도시에서 학교를 다니던 제가 홀로 계신 어머니와 함께 있기 위해 시골로 전학을 왔습니다.

대학입시준비로 공부하기도 벅찬 고등학교 시절에 때로는 집안 살림을 해야 하고 편찮으신 어머니 병간호를 해야 한다는 것이 쉬운 일은 아니었습니다. 왜 나는 이렇게 힘들어야 하는지 원망스러울 때도 많았습니다.

그런 저에게 유일한 돌파구는 저녁 기도 시간이었습니다. 저녁

9시에 시간을 정하고 교회에 갔습니다. 십자가 밑에 무릎 꿇고 앉아 참 많이 울었습니다. 어머니를 치료해달라고 매달리며 기도하기도 하고 때로는 왜 나는 이렇게 힘들어야 하는지 원망과 불평을 털어놓기도 했습니다.

그렇게 한참을 울면서 기도하고 나면 나도 모르게 힘이 나는 것입니다. 주님이 나와 함께 하시기 때문에 이길 수 있다는 확신도 들고, 무엇이라고 말할 수 없는 은혜가 마음에 내려 평안하고, 기쁨이 있었습니다.

하나님께서 어머니를 치료하시지는 않았지만 그 기도의 시간을 통해 힘든 시간을 이겨나갈 수 있었습니다. 기도하는 시간을 통해 하나님은 저를 믿음의 사람으로 만들어 가셨고 제 인생을 아무렇게나 버리지 않고 오히려 도전하고 극복하게 하셨던 것입니다.

커크 패트릭은 이렇게 고백합니다(창539장).
너 예수께 조용히 나가 네 모든 짐 내려놓고
주 십자가 사랑을 믿어 죄 사함을 너 받으라.
주 예수께 조용히 나가 네 마음을 쏟아 노라.
늘 은밀히 보시는 주님 큰 은혜를 베푸시리.

마음의 소원을 가지고 기도의 자리로 나아가십시오. 당신의 문제를 가지고 기도하는 자리로 나아가십시오. 하나님께서는 당신이 나오길 기다리고 있습니다. 기억하십시오. 하나님만이 당신의 위로자이시며 하나님만이 우리 삶에 해결자이십니다. 하나님이 우리 기도를 들으시는 분이십니다.

둘째, 기도의 자세는 간절함입니다.

첫째, 기도의 대상은 하나님이십니다. 둘째, 기도의 자세는 간절함이었습니다. 24절에 보면 아브라함은 하나님께 소돔과 고모라에 의인 50명이 있다면 그 성을 멸하시겠냐고 묻습니다.

> "그 성 중에 의인 오십 명이 있을지라도 주께서 그 곳을 멸하시고 그 오십 의인을 위하여 용서하지 아니하시리이까" (창18:25절)

아마도 아브라함은 그 큰 성 소돔과 고모라에 의인 50명은 있을 것이라 생각했을 것입니다. 그래서 하나님께 당당히 말합니다. 25절을 보세요. 의인을 악인과 같이 멸하는 것은 부당하다는 것입니다. 그리고 세상을 심판하시는 하나님이 정의를 바르게 행해야 한다는 것입니다.

> "주께서 이같이 하사 의인을 악인과 함께 죽이심은 부당하오며 의인과 악인을 같이 하심도 부당하니이다 세상을 심판하시는 이가 정의를 행하실 것이 아니니이까" (창18:25절)

그러나 아브라함의 자신감은 오래가지 못했습니다. 하나님께서 의인 50명만 찾으면 그 성을 용서하시겠다는 것입니다. 아브라함은 당황했습니다. 아브라함은 다시 구합니다. "하나님, 의인 45명이 있어도 멸하시겠어요?" 안되니까 40명, 30명, 20명 10명까지 내려옵니다.

총 여섯 번이나 하나님께 간구합니다. 아브라함은 이것이 무리한 요구라는 것을 알았습니다. 그래서 그는 기도할 때마다 단서를 붙입니다. 30절을 보면 노하시지 말고 들어 달라고 합니다. 31절은 감히 하나님께 아뢰겠다며 겸손하게 말합니다.

그래도 안 되니까 아브라함은 더 간절해졌습니다. 32절엔 한 번만 더 아뢰겠다고 합니다. 무리한 요구라는 것을 알지만 포기할 수 없습니다. 왜요? 사랑하는 조카를 생각해서 그렇습니다. 간절할 수 밖에 없습니다.

"아브라함이 이르되 내 주여 노하지 마시옵고 말씀하게 하옵소서"(창18:30절)
"아브라함이 또 이르되 내가 감히 내 주께 아뢰나이다"(창18:31절)
"아브라함이 또 이르되 주는 노하지 마옵소서 내가 이번만 더 아뢰리이다"(창18:32절)

특별히 아브라함은 계속해서 [감히]라는 표현을 씁니다. 27절에 [감히]는 겸손의 표현이었지만 지금은 다릅니다. 아뢸 면목이 없다는 것입니다. 그래서 [감히] 기도한다는 것입니다. 이것이 우리말 성경에는 없지만 히브리 원문에는 30절, 31절 32절까지 마지막 세 번의 간구 때마다 [감히]라는 말을 사용합니다. 왜요? 간절하기 때문입니다.

|우리의 기도에 간절함이 필요합니다.

우리의 기도에 이런 간절함이 필요합니다. '아니 목사님! 하나님께 너무 무리한 것 아닙니까?' 하고 묻는 분이 있을지 모르겠습니다. 그러나 본문을 보세요. 하나님은 이런 아브라함에 대하여 얼마나 친절하십니까? 물을 때마다 아주 친절하게 대답해주시지 않습니까?

오히려 하나님은 그렇게 기도하라고 우리에게 가르쳐 주셨습니다. 눅18장에 보면 불의한 재판장에 대한 이야기를 비유로 설명하십니다. 이 재판장은 하나님을 두려워하지 않고 사람을 무시하는 사람이었습니다. 그런데 한 과부가 원한을 풀어 달라고 자주 찾아옵니다(눅18장3절).

재판장은 처음엔 들은 척도 하지 않았습니다. 그러나 과부가 이렇게 자주 찾아오니까 번거롭다는 생각이 들었습니다. 원한을 풀어주지 않으면 자기를 매우 괴롭힐 것 같았습니다. 그래서 과부의 말을 듣게 됩니다.

그리고 주님은 [하물며]라는 표현을 사용하십니다(눅18장7절).

불의한 재판장도 그러는데 [하물며] 선하신 하나님께서 밤낮 부르짖는 성도의 기도를 들어 주시지 않겠냐는 것입니다. 응답하시겠다는 것입니다.

그런데 주님은 여기서 한 가지 의미 있는 말씀을 하십니다. 무슨 말씀입니까? 이런 믿음을 보겠냐는 것입니다. 하나님이 귀찮게 여기실 정도로 하나님께 간절히 기도하는 그 믿음을 보겠느냐는 것입니다. 정리하면 무슨 말씀입니까? 믿음을 가지고 간절히 기도하라는 말씀입니다. 그렇게 기도할 때 응답하시겠다는 것입니다.

> "하물며 하나님께서 그 밤낮 부르짖는 택하신 자들의 원한을 풀어 주지 아니하시겠느냐 그들에게 오래 참으시겠느냐 내가 너희에게 이르노니 속히 그 원한을 풀어 주리라 그러나 인자가 올 때에 세상에 믿음을 보겠느냐 하시니라"(눅18:7절)

믿음하면 생각나는 유머가 있습니다. 한 남자가 간만에 선을 보게 되었습니다. 웨이터가 식사 주문을 받으러 와서 "뭘 드시겠습니까?" 하고 물었습니다. 여자가 "스테이크 주세요." 하고 주문을 하니까 남자가 "나두요." 합니다. 웨이터가 이번에는 "그럼 고기는 어떻게 익혀 드릴까요?" 했더니 여자가 "미디움이요." 하고 대답을 합니다. 그랬더니 남자가 역시 "나두요." 하는 것입니다. 그리고 웨이터가 가고 남자가 신기하다는 듯이 여자에게 말했습니다. "이 집 주방장은 신앙심이 아주 깊은가 보네요. 스테이크를 믿음(미디움)으로 굽네요." 고기도 믿음으로 굽는데 기도할 때 간절한 믿음이 없습니까?

저는 이런 설교를 할 때마다 안타까운 생각이 듭니다. 내 삶에 어려움이 있으면 하나님을 찾고 하나님께 기도해야 하는데 하나님을 찾지를 않습니다. 하나님을 찾았으면 정말 간절하게 기도해야 하는데 이런 간절한 기도를 성도들에게 찾아보기가 어렵습니다.

하나님께서 얼마나 답답하실까요? 특별새벽기도회를 합니다. 이것이 얼마나 큰 축복의 기회입니까? 알람을 맞추고 주무시겠죠? 어떤 분은 새벽에 알람이 울릴 때 "하나님 죄송합니다." 하고 알람을 끄고 다시 잠을 자는 분이 있을 것입니다.

그러면 하나님이 그러실 거예요. "죄송할 것 없다. 네가 큰일이지!" 기도하지 못하는 우리가 큰일입니다. 하나님이 답답할 것 없습니다. 하나님께서 답답하시다면 기도하면 응답해주시려고 새벽에 나오길 기다리시는데 기도하지 않고 자고 있는 우리가 답답하실 것입니다.

정신 차려야 합니다. 우리에게 기도할 제목이 얼마나 많이 있습니까? 그런데 왜 이렇게 우리는 뜨겁지도 차지도 않고 미지근한 것입니까? 집에 불이 났는데 "하나님 죄송해요!" 하고 알람을 끄고 다시 주무실 것입니까?

우리 인생 쉽지 않잖아요. 기도하지 않고 어떻게 이겨 나갑니까? 기도가 능력입니다. 믿지 않으면 할 말이 없습니다. 믿지 않는 사람들 참 답답합니다. 아무리 기도가 능력이라 해도 믿지 않는 사람에게는 도리가 없습니다. 또 머리로만 알고 기도의 자리로 나오지 않는 사람에게는 도리가 없습니다.

새벽을 깨우세요. 간절히 기도할 때 우리 인생에 길이 열리는 것입니다. 당신이 새벽기도하면 몸이 하루 종일 몽롱하지만 새벽을 깨운 사람은 영적으로는 깨어 있는 사람입니다. 그러나 기도하지 않으면 몸은 깨어 있어도 영은 몽롱하게 사는 것입니다. 우리의 영이 살아야 우리 인생이 승리하는 것입니다. 간절히 기도해야 합니다.

셋째, 기도의 동기는 책임감입니다.

우리가 주목할 것이 있습니다. 아브라함의 기도제목이 뭐냐는 것입니다. 아브라함의 기도는 자신을 위한 것이 아닌 다른 사람을 위한 기도입니다. 이 기도가 조카 롯을 살렸던 것입니다. 그렇습니다. 영향력 있는 인생을 사는 사람의 기도는 어떤 기도이겠습니까? 내가 아닌 다른 사람에 대하여 책임감을 가지고 하는 기도입니다.

왜 아브라함이 책임감을 느끼고 있을까요? 25절을 보면 아브라함은 하나님을 [세상을 심판하시는 이]라고 표현합니다. 그렇습니다. 하나님이 심판하시는 분이기 때문에 아브라함은 책임감을 느끼고 있습니다. 왜요? 사랑하는 조카 롯 앞에 심판이 있기 때문입니다.

"주께서 이같이 하사 의인을 악인과 함께 죽이심은 부당하오며 의인과 악인을 같이 하심도 부당하니이다 세상을 심판하시는 이가 정의를 행하실 것이 아니니이까"(창18:25절)

조카 롯이 하나님의 심판에 직면해 있습니다. 그냥 두면 하나님의 심판으로 죽을 것입니다. 그 영혼에 대한 부담이 있기 때문에 아브라함은 책임감을 가지고 기도하는 것입니다.

|구원 받지 못한 영혼에 대한 책임이 있습니다.

우리의 기도를 살펴야 하겠습니다. 우리는 구원받지 못한 영혼들을 위해 얼마나 책임감을 가지고 있습니까? 얼마나 부담을 가지고 기도하고 있습니까? 우리가 그리스도인이라면 마땅히 그들을 위해 기도하고 복음을 전할 책임이 있습니다.

심지어 에스겔3장18절에서 하나님은 우리가 전하지 않아서 그들이 구원받지 못하면 우리에게 책임을 묻겠다고 말씀하십니다. 쉽게 말해 하나님의 심판이 선언 됐습니다. 그때 우리가 그 영혼을 불쌍히 여겨 회개하라고 하나님의 심판을 바르게 전하지 않으면 그 영혼은 죄로 인해 당연히 심판을 받겠지만 전하지 않은 우리에게서 그의 피 값을 찾으시겠다는 것입니다.

"가령 내가 악인에게 말하기를 너는 꼭 죽으리라 할 때에 네게 깨우치지 아니하거나 말로 악인에게 일러서 그의 악한 길을 떠나 생명을 구원하게 하지 아니하면 그 악인은 그의 죄악 중에서 죽으려니와 내가 그의 피 값을 네 손에서 찾을 것이고"(겔3:18절)

그러나 이어지는 18절은 우리가 전했는데 그들이 돌이키지 않고 그들의 죄로 죽어도 그 피에 책임이 없다는 것입니다.

"네가 악인을 깨우치되 그가 그의 악한 마음과 악한 행위에서 돌이키지 아니하면 그는 그의 죄악 중에서 죽으려니와 너는 네 생명을 보존하리라" (겔3:19절)

그래서 17절에서 우리가 하나님의 말씀으로 하나님을 대신해서 그들을 깨우쳐야 한다는 것입니다.

"인자야 내가 너를 이스라엘 족속의 파수꾼으로 세웠으니 너는 내 입의 말을 듣고 나를 대신하여 그들을 깨우치라"(겔3:19절)

우리는 구원받지 못한 분들에 대하여 부담을 가져야 합니다. 그 분들에 대하여 책임감을 가져야 합니다. 그들에게 복음을 전하고, 그분들을 위해 기도해야 합니다. 물론 그들이 믿고 안 믿고는 하나님께서 하실 일이지만 우리는 부담을 가지고, 책임감을 가지고 복음을 전할 뿐 아니라 그분들의 영혼을 위해 기도해야 합니다.

나라와 민족에 대한 책임이 있습니다.

또한 아브라함은 소돔과 고모라에 대한 책임감을 가지고 있었습니다. 소돔과 고모라가 심판하시는 하나님 앞에 풍전등화와 같습니다. 선한 영향력을 미치는 비저너리(visionary)의 인생을 살기 원한다면 우리는 아브라함과 같이 이 나라 이 민족에 대한 부담과 책임감을 가져야 합니다.

소돔과 고모라는 죄가 많은 곳입니다. 그래서 그곳은 심판을 받을 곳입니다. 그러나 정확히 말하면 의인 10명이 없어 망한 것입니다. 왜요? 하나님은 정의 즉 공의의 하나님이십니다. 악인을 멸하자고 의인을 멸하실 수 없습니다. 그래서 소돔에 죄도 문제지만 그 죄로 심판하실 하나님을 멈추게 할 의인이 없어 망했다는 것입니다.

> "주께서 이같이 하사 의인을 악인과 함께 죽이심은 부당하오며 의인과 악인을 같이 하심도 부당하니이다 세상을 심판하시는 이가 정의를 행하실 것이 아니니이까"(창18:25절)

저는 이것이 우리 그리스도인의 책임이라고 여겨집니다. 깨어있는 교회들이 힘을 잃어 가는 한국 교회를 섬겨야 합니다. 깨어 있는 그리스도인들이 우리 주변의 공동체를 섬겨야 합니다. 우리가 이 나라 이 민족의 아픔을 끌어안고 그 아픔에 대하여 책임감을 가지고 기도한다면 하나님은 그런 그리스도인과 교회들을 통하여 역사하실 것입니다.

혹시 그런 생각을 하는 분이 있을지 모르겠습니다. '목사님! 저 한 사람이 무슨 한국 교회를 섬기고 이 나라 이민족을 섬기겠습니까?' '교인 5백 명도 안 되는 우리 교회가 무슨 한국 교회를 섬길 수 있겠습니까?' 아뇨 우리가 그런 책임감을 가지고 그 비전을 위해 기도한다면 하나님께서 길을 열어 주시리라 믿습니다.

독일에 가서 독일 통일에 관련된 중요한 장소들을 둘러보았습니다. 베를린 장벽 가운데 부서지지 않은 곳을 보았습니다. 지금은 세계에서 가장 긴 야외 갤러리가 되어 있었습니다. 21개국에서 온 118명의 예술가들에 의해 무려 1,316m에 달하는 그림이 그려져 있었습니다.

지난 3월 26일 박근혜 대통령이 돌아보았던 냉전당시 베를린 장벽에 중심이었던 브란덴부르크 문을 보았습니다. 분단의 상징이었던 그곳에서 지금은 2유로에 동독국기를 들고 사진을 찍자는 군인 복장의 모델들이 관광객들을 불러 모으고 있었습니다.

그러나 무엇보다도 제게 인상적이었던 곳은 성니콜라이 교회였습니다. 왜 이곳이 제게 인상적이었을까요? 이 교회가 독일 통일의 기폭제 역할을 했던 교회였기 때문입니다.

1982년부터 매주 월요일마다 이 교회에서 [칼을 쳐서 보습으로]라는 슬로건 아래 통일을 위한 평화기도회가 열렸습니다. 퀴러목사와 크리스토프목사가 주도한 평화의 기도회는 1989년 10월 9일 7만 여명, 그해 11월 6일에는 50여만 명이 참여하는 평화 시위로 연결되었습니다. 성니콜라이 교회에서 시작된 평화의 기도회가 동독 전역에 평화시위로 확산되어 마침내 1989년 11월 9일 베를린 장벽이 무너졌습니다.

그 교회 앞 도로에는 기도회가 평화시위로 번지게 된 1989년 10월 9일 날짜와 사람들의 발자국이 새겨진 동판이 박혀 있습니다. 그리고 지금도 그 교회에선 매주 월요일마다 평화를 위한 기도회가 열리고 있습니다.

우리는 '나 하나가 무슨 힘이 있겠는가?' 하고 생각합니다. '5백명도 안 모이는 우리 교회가 무슨 한국교회를 섬길 수 있는가?' 그것은 나와 상관이 없는 일이라고 생각합니다. 그러나 의인 10명이 없어 소돔과 고모라는 멸망했습니다. 영혼에 대한 책임감을 가진 아브라함의 기도로 롯이 구원을 받았고, 민족에 대한 책임감을 가진 모세의 기도로 이스라엘을 향한 하나님의 심판을 거둘 수 있었습니다.

나 하나가 작지 않습니다. 누군가 먼저 영혼에 대한 책임감을 가져야 합니다. 민족에 대한 책임감을 가져야 합니다. 그리고 우리가 그런 책임감을 가지고 기도하기를 시작할 때 하나님은 우리의 기도를 통해 역사의 물줄기를 바꾸실 것입니다. 우리 이렇게 주님 앞에 고백해봅시다. "주님! 나를 사용하소서."

CHAPTER **04**

기도 - 여행의 동력

아브라함이 어떻게 기도했기에 하나님께서 롯을 구해주셨을까요? 롯을 구한 아브라함의 기도는 어떤 기도일까요? 아브라함의 기도를 살펴보면서 우리도 어떻게 하면 비전여행 가운데 이웃을 살리는 영향력 있는 기도를 할 수 있을지 함께 알아봅시다. 이웃을 살리는 선한 영향력을 나타내는 비저너리는 어떻게 기도해야 할까요?

첫째, 기도의 대상은 하나님입니다.

마음의 소원을 가지고 기도의 자리로 나아가십시오. 당신의 문제를 가지고 기도하는 자리로 나아가십시오. 하나님께서는 당신이 나오길 기다리고 있습니다. 기억하십시오. 하나님만이 당신의 위로자이시며 하나님만이 우리의 삶에 해결자이십니다. 하나님이 우리 기도를 들으시는 분이십니다.

둘째, 기도의 자세는 간절함입니다.

새벽을 깨우세요. 간절히 기도할 때 우리 인생에 길이 열리는 것입니다. 당신이 새벽기도하면 몸이 하루 종일 몽롱하지만 새벽을 깨운 사람은 영적으로 깨어 있는 사람입니다. 그러나 기도하지 않으면 영은 몽롱하게 사는 것입니다. 우리의 영이 살아야 우리 인생이 승리하는 것입니다.

셋째, 기도의 동기는 책임감입니다.

나 하나가 작지 않습니다. 누군가 먼저 영혼에 대한 책임감을 가져야 합니다. 민족에 대한 책임감을 가져야 합니다. 그리고 우리가 그런 책임감을 가지고 기도하기를 시작할 때 하나님은 우리의 기도를 통해 또 우리의 작은 실천을 통해 역사의 물줄기를 바꾸실 것입니다. 우리 이렇게 주님 앞에 고백해봅시다. "주님! 나를 사용하소서."

생각해보기

1. 당신의 기도생활을 점검해보시고 나누어 봅시다.

2. 아직 구원받지 못한 이에 대하여 당신이 책임감을 느끼는 이는 누구고 그를 위해 무엇을 하고 있는지 나누어 봅시다.

RART

2

여행 중에 있는 이에게

CHAPTER

05

시련

10 그 땅에 기근이 들었으므로 아브람이 애굽에 거류하려고 그리로 내려갔으니 이는 그 땅에 기근이 심하였음이라 11 그가
애굽에 가까이 이르렀을 때에 그의 아내 사래에게 말하되 내가 알기에 그대는 아리따운 여인이라 12 애굽 사람이 그대를 볼
때에 이르기를 이는 그의 아내라 하여 나는 죽이고 그대는 살리리니 13 원하건대 그대는 나의 누이라 하라 그러면 내가 그대
로 말미암아 안전하고 내 목숨이 그대로 말미암아 보존되리라 하니라 14 아브람이 애굽에 이르렀을 때에 애굽 사람들이 그
여인이 심히 아리따움을 보았고 15 바로의 고관들도 그를 보고 바로 앞에서 칭찬하므로 그 여인을 바로의 궁으로 이끌어들
인지라 16 이에 바로가 그로 말미암아 아브람을 후대하므로 아브람이 양과 소와 노비와 암수 나귀와 낙타를 얻었더라 17 여
호와께서 아브람의 아내 사래의 일로 바로와 그 집에 큰 재앙을 내리신지라 18 바로가 아브람을 불러서 이르되 네가 어찌하
여 나에게 이렇게 행하였느냐 네가 어찌하여 그를 네 아내라고 내게 말하지 아니하였느냐 19 네가 어찌 그를 누이라 하여 내
가 그를 데려다가 아내를 삼게 하였느냐 네 아내가 여기 있으니 이제 데려가라 하고 20 바로가 사람들에게 그의 일을 명하매
그들이 그와 함께 그의 아내와 그의 모든 소유를 보내었더라

창12:10-20절

시련 - 여행 중에 시련을 만날 때

하나님의 비전에 따라 갈대아 우르를 떠나 약속하신 땅 가나안에 들어왔지만 아브라함을 기다리는 것은 극심한 기근이었습니다. 살길이 막막해진 아브라함은 어떻게 할까 고민하며 애굽으로 내려갔습니다.

그런데 낯선 땅 애굽에 가서보니 걱정이 생겼습니다. 사람들이 예쁘게 생긴 아내 사라를 노리고 자기 생명을 해하면 어떻게 하냐는 것입니다. 그래서 아브라함은 아내에게 두 사람이 부부라 하지 말고 오누이라고 해서 생명을 보존하자고 합니다.

아닌 게 아니라 애굽의 왕인 바로의 고관들이 보고는 사라를 바로에게 끌어 들입니다. 그리고 바로는 사라로 인해 아브라함을 후대하고 양과 소와 노비와 암수 나귀와 낙타를 선물로 줍니다. 아브라함은 바로왕에게 아내 사라를 빼앗길 판입니다.

그러나 하나님께서 당신의 백성을 보호하시기 위해 그 밤에 바로에게 재앙을 내리십니다. 아브라함의 거짓을 알게 된 바로가 아브라함에게 왜 거짓말을 했느냐고 책망을 한 후 사라를 돌려주게 되고 결국 아브라함은 아내와 함께 다시 약속의 땅인 가나안으로 돌아오게 되는 것이 본문의 이야기입니다.

이 사건 속에 아브라함을 생각해봅시다. 아내를 바로에게 빼앗기고 혼자 있는 아브라함의 마음이 어땠을까요? 새 장가 들 수 있고 재산도 늘렸으니 좋아 했을까요? 거짓말을 했습니다. 비겁하게 아내를 팔아 버린 꼴이 되었습니다. 그 밤에 아브라함은 너무나 억울하고 창피했을 것입니다. 자기 생명을 지키자고 아내를 팔아 버린 파렴치한 놈이라고 자책을 했을 것입니다.

믿음으로 본토 친척 아버지 집을 떠나 왔는데 지금 믿음 없는 자신의 모습을 보는 아브라함이 참 괴로웠을 것입니다. 또한 결과적으로 이방 사람에게 책망을 받으면서 하나님의 백성이 망신을 당했습니다. 무엇보다도 하나님 앞에 너무나 부끄러웠을 것입니다. 한 마디로 아브라함은 비전의 여행 중에 만난 기근이란 시련 앞에서 지금 주저앉게 되었습니다. 왜 아브라함이 비전 여행 중에 시련으로 주저앉게 되었을까요?

첫째, 하나님의 약속을 잊었기 때문입니다.

다시 아브라함의 상황으로 돌아가서 생각해봅시다. 기근을 피해 애굽에 왔는데 아내를 보는 애굽 사람들의 시선이 이상한 것입니다. 아브라함은 생각했을 것입니다. '혹시 이들이 아내를 빼앗으려고 나를 죽이지 않을까?' 생각해보면 어디서 온지도 모르는 낯선 이방인 하나쯤 죽이는 것이 애굽 사람들에게 그리 큰 문제는 아닐 것 같습니다. 불안한 가운데 생각이 꼬리에 꼬리를 물면서 아브라함은 자기 아내 사라를 누이라고 하자는 결정을 내립니다.

분명히 잘못된 판단입니다. 결국 거짓말을 하게 되었습니다. 결과가 무엇입니까? 아내를 바로에게 빼앗겼습니다. 그 밤이 아브라함에게 얼마나 힘든 날이었겠습니까? 또한 그 일로 바로와 그 집에 큰 재앙이 내렸습니다. 결국 다른 사람도 피해를 입었습니다. 거기에 이방인인 바로에게 책망을 받으면서 하나님의 백성으로 체면을 다 구기게 되었습니다. 하나님의 영광을 드러내는 것이 아니라 하나님의 영광을 떨어뜨리고 만 것입니다. 이 모든 것이 잘못된 판단의 결과입니다.

여기서 우리가 생각해야 합니다. 인생에 기근이 닥칠 때 우리가 조심할 것은 함부로 판단을 내려서는 안 된다는 것입니다. 현실의 문제에 집착을 하다 판단을 그르칠 가능성이 많습니다. 그리고 잘못된 판단이 잘못된 결과들을 가져오게 됩니다. 그렇다면 비전 여행에 이런 시련을 만나면 어떻게 대처해야 합니까? 현실의 문제에 집착하기보다 처음 받은 하나님의 약속을 생각해야 합니다.

아브라함을 향한 하나님의 약속이 무엇입니까? 큰 민족을 이루게 하신다는 것입니다(창12장2절). 그렇다면 아직 후사가 없는 아브라함에게 그 약속은 생명을 지키신다는 약속과 같은 것입니다. 지금 죽는다면 어떻게 큰 민족을 이루겠습니까? 그런데 아브라함은 그 약속이 보이지 않습니다. 왜요? 앞에 있는 시련 때문입니다. 결국 더 깊은 시련으로 빠져 드는 것입니다.

결과적으로 보면 하나님은 약속 때문에 상황을 전화위복 시키십니다. 아브라함과 사라를 지켜주십니다. 무슨 말입니까? 아브라함이 그것을 신뢰하지 못했지만 하나님은 그 약속을 지켜 가십니다. 하나님은 반드시 그 약속을 지키시는 분입니다.

여기서 생각해야 합니다. 하나님은 약속을 신실하게 이루어 가십니다. 그 가운데 우리가 어떤 상황에서도 그 약속을 붙잡고 약속에 따라 산다면 기쁨으로 승리하게 될 것이지만 인생의 기근 가운데 그 약속을 잊고 내 판단대로 행한다면 아픔과 실패를 경험하며 부끄럽게 약속의 성취를 보게 될 것입니다.

약속의 열쇠를 잊지 말아야 합니다.

하늘나라를 향해 가는 그리스도인의 여정을 그린 존 번연의 『천

로역정』에 "절망의 손아귀에 붙들린 포로들"에 보면 [크리스천]이 [소망]이란 친구와 함께 천성을 향해 가는데 길이 힘들고 고달프기만 합니다. 그런데 앞에 [곁길초원]이란 좋은 길을 만나게 됩니다. 그 길을 따라 가는데 [소망]이 잘못 온 것 같다고 돌아가자 하지만 [크리스천]은 자기주장을 굽히지 않습니다.

그런데 갈수록 길이 좁아지는 것입니다. 점점 깊은 골짜기에 빠지고 무서운 폭우를 만나 다시 돌아오기로 합니다. 그러나 돌아오는 길에 그들은 [절망]이란 거인에게 잡혀 [의심의 성]에 붙들려 지하 감옥에 갇히게 됩니다.

[절망]거인은 아내 [의혹]의 말을 듣고 심한 매질을 하고 이미 그곳에서 죽은 사람들의 해골과 뼈들을 쏟아 부었습니다. 며칠 동안 심한 매질을 당한 [크리스천]과 [소망]은 이제 삶의 소망이 없어 보이는데 [절망]거인은 독약을 마시고 죽으라고 합니다.

그날 밤 [크리스천]과 [소망]은 하나님께 간절히 기도를 합니다. 새벽이 되어 [크리스천]은 문득 순례 여정을 시작할 때 받았던 어떤 문도 열 수 있는 약속의 열쇠가 있다는 것이 생각났습니다. 그리고 품속을 더듬어 약속의 열쇠를 꺼내 절망의 감옥 문을 열고 빠져나오게 됩니다.

여러분! 이[크리스천]이 가지고 있었던 이 열쇠가 무엇을 말할까요? 그것이 바로 하나님의 약속입니다. 이 약속의 열쇠를 잊지 마십시오. 특별히 비전 여행 중에 시련을 만났을 그 시련에 함몰되지 말고 처음 그 비전 여행을 시작하게 하셨던 하나님의 그 약속을 다시 생각하십시오. 우리가 약속의 열쇠를 붙잡는다면 어떤 상황에서도 흔들리지 않고 걸어 갈 수 있습니다.

둘째, 하나님의 인도를 잊었기 때문입니다.

아브라함은 비전여행 가운데 만난 시련 때문에 첫째, 약속을 잊어 버렸습니다. 뿐만 아니라 그는 하나님의 인도하심을 잊어 버렸습니다. 10절을 보면 아브라함의 실패에 중요한 단서를 하나 찾을 수 있습니다.

> "그 땅에 기근이 들었으므로 아브람이 거류하려고 그리로 내려갔으니 이는 그 땅에 기근이 심하였음이라"(창12:10절)

기근이 들었습니다. 그래서 살길을 찾아서 내려갔습니다. 그러나 문제는 하나님의 인도를 구하고 있지 않았다는 것입니다. 살길을 찾아 내려간 것은 잘못이 아닙니다. 하나님의 인도를 구하지 않은 것이 잘못입니다.

아브라함이 믿음으로 살아 갈 때를 보면 항상 하나님의 인도를 받아서 움직이는 것을 볼 수 있습니다.

"여호와께서 아브람에게 이르시되 너는 너의 고향과 친척과 아버지의 집을 떠나 내가 네게 보여 줄 땅으로 가라"(창12:1절)
"이에 아브람이 여호와의 말씀을 따라갔고"(창12:4절)
"여호와께서 아브람에게 나타나 이르시되"(창12:7절)

그러나 기근을 만난 아브라함은 하나님의 말씀을 들은 흔적이 없습니다. 하나님의 인도를 구하지 않았습니다. 결국 영적인 기근에 빠져 들게 됩니다.

우리가 하나님의 인도를 구한다는 것이 무엇입니까? 하나님의 음성을 듣는 것입니다. 당신의 삶에서 하나님의 음성이 들려옵니까? 당신이 하나님의 인도를 구할 때 하나님의 음성이 들려오십니까?

왜 우리에겐 하나님의 음성이 들리지 않습니까? 내 생각이 너무 앞서기 때문입니다. 왜 본문에 아브라함에게 하나님의 음성이 들리지 않았을까요? 11절을 보면 아브라함이 '내가 알기에' 라고 합니다. 지금 이 상황을 파악하면서 이미 아브라함의 생각이 우선한 것입니다.

"그가 애굽에 가까이 이르렀을 때에 그의 아내 사래에게 말하되 내가 알기에 그대는 아리따운 여인이라"(창12:11절)

우리의 생각이 앞서기 때문에 하나님의 음성을 들을 수 없고 하나님의 음성을 듣지 못하기 때문에 우리는 시련 속에서 더 큰 수렁으로 빠져 드는 것입니다. 어떠한 상황에서도 우리는 하나님의 뜻을 물어야 합니다.

제 친구 목사의 아내는 한 기독교 방송에 진행자입니다. 새벽 프로그램을 맡았는데 보통은 생방송이 아닌 낮에 녹화를 하고 새벽에 녹화 된 것을 방송으로 내보낸다고 합니다. 새벽예배를 드리는데 하나님께서 그날 녹화에 자살에 관하여 말하면 좋겠다는 말씀을 하시더랍니다. 자살에 관하여는 잘 언급을 하지 않는데 하나님의 말씀이 너무나 강력하여 그날은 녹화할 때 자살을 방지하는 내용을 언급했다고 합니다. 다음날 새벽에 방송이 나갔습니다.

그리고 다음날 방송국에 갔는데 자기를 찾는 전화가 와서 받았는데 사연이 이렇습니다. 한 자매가 사는 것이 너무나 힘이 들어서 죽어야 겠다는 생각에 낮에 약국을 돌아다니며 수면제를 모았습니다.

그리고 새벽에 자살하기 위해 물과 수면제를 앞에 놓고 망설이다가 약을 먹으려고 하는데 라디오에서 자살하지 말라는 말이 흘러나와 귀를 기울여 듣게 되고 그러면서 자살을 하지 않았다는 것입니다. 그리고 아침에 눈을 뜨고 보니 자살을 하지 않은 것이 정말 잘했다는 생각이 들고 용기를 내서 살아야겠다는 결심을 했다며 고맙다는 인사를 하더랍니다.

그 전화를 끊고 얼마나 기쁘고 감사한지 하나님께 감사기도를 드리고 하나님께서 이 사람을 살리기 위해 그날 새벽에 말씀하신 것이라며 하나님은 분명하게 말씀하시고 그 말씀에 순종하는 사람을 통해 하나님의 일을 이루어 가신다며 힘 있게 말씀하시는 것을 들었습니다.

당신은 어떻습니까? 우리는 많은 사람의 소리를 듣고 살면서 예수님의 음성은 얼마나 들었습니까? 비전 여행 중에 아브라함이 시련을 극복하지 못하고 왜 더 깊은 수렁으로 빠졌습니까? 하나님의 음성듣기를 소홀히 했기 때문입니다. '내가 알기에' '내 경험에 의하면' '내 지식대로' '내 판단대로' 시련을 대했고 그 결과 더 깊은 수렁에 빠진 것입니다. 시련을 피해갈 수 없습니다. 시련은 반드시 있습니다. 그렇다면 어떻게 그 시련을 이길 수 있습니까? 하나님의 음성에 귀 기울여야 합니다. 하나님의 인도를 구하십시오. 하나님께서 우릴 인도하실 것입니다.

셋째, 하나님께 예배를 잊었기 때문입니다.

아브라함의 삶을 추적해보면 시련을 만난 이 사건에 없는 것이 두 가지가 있습니다. 하나는 하나님의 인도를 구하지 않는 것이고 또 하나는 하나님을 예배하지 않는 것입니다. 왜 하나님의 인도하심을 받지 못했을까요? 하나님을 예배하지 않았기 때문입니다.

아브라함이 하나님의 인도를 받는 삶엔 항상 예배의 삶이 있었습니다. 본문의 앞뒤 사건인 창12장7절과 창13장4절을 보면 아브라함은 제단을 쌓고 예배를 드렸습니다. 그리고 하나님의 인도에 따라 살아 갑니다.

> "여호와께서 아브람에게 나타나 이르시되 내가 이 땅을 네 자손에게 주리라 하신지라 자기에게 나타나신 여호와께 그가 그곳에서 제단을 쌓고"(창 12:7-8절)
>
> "그가 처음으로 제단을 쌓은 곳이라 그가 거기서 여호와의 이름을 불렀더라"(창13:4절)

그런데 본문은 어디에도 예배했다는 말이 없습니다. 예배하지 않은 본문의 사건은 하나님의 인도하심도 없습니다. 무슨 말입니까? 예배하지 않을 때 인도하심을 받지 못했다는 것입니다. 본문에 아브라함의 실패는 바로 예배의 실패였던 것입니다.

그래서 그리스도인의 인생에 실패와 성공은 바로 예배의 실패와 성공에 달려 있다 해도 과언이 아닙니다. 그러므로 그리스도인은 인생에 기근을 만나든 풍요를 만나든 반드시 성공해야 하는 것이 예배입니다.

특별히 우리 인생에 기근의 시기엔 더욱 그렇습니다. 하나님을 예배할 때 우린 기근을 이길 수 있는 용기를 얻게 됩니다. 하나님을 예배할 때 기근을 이길 수 있는 지혜를 얻게 됩니다. 하나님을 예배

할 때 기근 속에서도 영적인 풍요를 누릴 수 있는 것입니다.

주일학교 선생님이 아이들에게 물었습니다. "오늘 교회에 들어오면서 무엇을 느꼈니?" 한 아이가 손을 들고 이렇게 말합니다. "선생님, 교회에 들어올 때 하나님 가슴으로 들어가는 것 같았어요." 얼마나 아름다운 표현입니까?

예배는 하나님의 가슴 속으로 들어가는 것입니다. 그리고 하나님 가슴 속 깊은 곳에 있는 우릴 향한 하나님의 사랑을 발견하는 것입니다. 하나님 가슴 깊은 곳에 있는 우릴 향한 하나님의 계획을 발견하는 것입니다. 그곳에서 하나님의 음성을 듣고 하나님의 인도를 받으며 비전여행 가운데 만나는 시련을 이기는 것입니다.

제2차 세계대전 당시 영국 국민들은 엄청난 혼란과 절망 속에 두려워하고 있었습니다. 당시 영국에는 국민들이 믿고 따르는 두 명의 지도자가 있었는데 한 사람은 탁월한 정치가인 윈스턴 처칠이었고 또 한 사람은 존경받는 종교지도자 윌리엄 템플 주교였습니다.

전쟁 속에 모두가 불안해 할 때 어느 날 두 사람이 라디오 연설을 하게 되었습니다. 국민들은 라디오 볼륨을 올리고 존경하는 지도자의 연설에 귀를 기울이고 있었습니다. 그런데 참 신기한 것이 두 사람이 사전에 의논한 것이 아닌데 그들의 연설 마지막 내용이 같았다고 합니다. "사랑하는 국민 여러분, 지금은 우리가 하나님을 바라

볼 때입니다. 전능하신 하나님께 예배하는 것이 우리의 최선입니다. 우리 다 함께 하나님을 바라봅시다. 하나님을 예배합시다."

그 말이 국민들의 마음에 감동이 되었습니다. 다음 날 같은 시간에 영국의 모든 교회는 종을 울렸고 그 종소리에 국민의 70%가 교회로 몰려와 하나님을 예배했습니다. 국민들의 마음에 안정이 찾아왔고 용기가 샘솟았습니다.

우리는 예배 할 때 하나님의 가슴 속에 들어가는 것입니다. 세상이 아무리 요란한 풍랑이 있어도 그곳은 고요합니다. 극심한 기근이 있어도 그곳은 풍요합니다. 그곳은 모든 풍랑과 기근을 이기는 능력이 있습니다. 그곳이 바로 예배하는 자리입니다.

독일에 갔을 때 유대인 집단 수용소인 부켄발트강제수용소기념관에 갔었습니다. 정말 억울하게 피눈물을 흘리며 죽어 가는 그 현장에서 유태인들이 절규하며 던진 질문이 무엇인지 아십니까? "하나님, 당신은 지금 어디 계십니까?" 우리도 침묵하시는 하나님을 경험할 때 그렇게 질문하지 않습니까?

마침내 연합군이 승리하고 그 수용소를 탈환했을 때 한 연합군 병사가 수용소의 벽에서 깜짝 놀랄 메모를 하나 발견합니다. 그것은 어느 그리스도인의 신앙고백이었습니다.

그 크신 하나님의 사랑 말로 다 형용 못하네.
하늘을 두루마리 삼고 바다를 먹물 삼아도
한없는 하나님의 사랑 다 기록할 수 없겠네.
하나님의 크신 사랑 그 어찌 다 쓸까
저 하늘 높이 쌓아도 채우지 못하리.
하나님 크신 사랑을 측량 다 못하네.
영원히 변치 않는 사랑 성도여 찬양하세.

이 지옥 같은 수용소에서, 이 억울한 상황에서 어떻게 하나님의 사랑을 말할 수 있겠습니까? 그것은 그곳이 하나님을 예배하는 곳이었기 때문입니다. 놀라운 고백을 본 이 병사는 그리고 그 아래 아주 조그만 문구를 발견하게 됩니다. "하나님은 여기 계신다."

그렇습니다. 우리가 믿음으로 가는 비전의 여행 가운데 어떤 시련을 만나도 하나님을 예배할 수만 있다면 우리는 이렇게 고백할 수 있을 것입니다. "하나님은 지금 여기 계시다." 그래서 우리는 넉넉히 이기고 당당하게 비전 여행을 할 수 있을 것입니다. 지금은 우리가 예배할 때입니다.

신학대학원에 다닐 때 형님이 개척한 교회에서 2년 넘게 사역을 했습니다. 이제 개척을 시작한 형님과 함께 교회를 세워보겠다고 주말마다 대전에서 서울로 올라와 교회를 섬겼습니다. 교인 20명이 안 되는 아주 작은 교회였기 때문에 담임목사인 형님이 40만원도 안 되는 사례를 그것도 제대로 받지 못하는 형편이었으니 제가 사례를 받을 수 있는 형편이 못되었습니다.

사역을 마치고 주일 저녁에 대전으로 내려와야 하는데 자동차에 기름이 넉넉지 못하고 주머니에 돈이 고속도로 통행료를 낼 수 있을까 말까 했습니다. 형님에게 돈을 좀 부탁하려고 문 앞에 섰는데 형님 부부가 쌀이 떨어졌고 돈도 없다며 걱정하는 이야기가 문밖으로 들리는 것입니다. 말을 못하고 돌아서 무작정 차를 타고 내려왔습니다.

걱정을 하며 내려와 고속도로 통행료를 내는데 백 원이 부족한 것입니다. 막막했습니다. 주머니를 뒤지고 가방을 뒤지는데 복잡한 시간이라 차들이 뒤로 길게 늘어서는 것입니다. 조금 당황한 가운데 요금을 받는 분에게 조금만 기다려 달라고 말하고는 혹시 차 바닥에 떨어진 백 원이 없나 찾고 있는데 뒤에서 기다리는 차들이 경적을 울리기 시작합니다. 당황스러웠습니다.

그런데 요금을 받는 직원이 짜증이 난 듯 "아저씨, 우선 차를 앞으로 빼세요." 하고 퉁명스럽게 말을 하는 것입니다. 차를 한쪽에 대고 여기 저기 찾다가 차 바닥에서 동전하나가 나오는 것입니다. 얼른 달려와 퉁명스런 직원에게 백 원짜리 동전하나를 건네는 손이 참 부끄러웠습니다. 그런데 차로 돌아와 출발하자마자 기름이 떨어진다며 경고등이 깜빡 거리는 것입니다.

순간 내 자신이 참 비참하다는 생각이 들었습니다. 운전을 하고 가는데 눈에서 눈물이 하염없이 흘렀습니다. 무어라 표현하지 못하지만 왜 이렇게 서러운 생각이 드는지 한참을 울며 가고 있는데 갑자기 하나님께서 제 마음에 이렇게 말씀하셨습니다. "너, 이래도 나를 사랑할 수 있니?" "너, 이래도 내가 원하는 목회자의 길을 갈 수 있니?"

더 이상 운전을 못하고 차를 갓길에 세웠습니다. 그리고 주님께 이렇게 말했습니다. "주님! 사랑합니다. 그래도 주님을 사랑합니다. 그 길이 힘들고 어려워도 주님이 원하시는 길이라면 가겠습니다. 주님이 나를 붙들어 주신다면 갈 수 있습니다." 지금까지 주님은 저의 비전 여행에 동행하시며 말씀해 주셨습니다.

비전의 여행은 믿음으로 하는 여행입니다. 평탄한 길이 아닙니다. 때론 시련을 만납니다. 그러나 약속의 말씀을 신뢰하며 말없이 믿음의 걸음을 걸을 때 주님은 믿음으로 사는 우리를 도와주시는 것입니다. 그리고 우리는 하나님의 역사를 경험하게 될 것입니다. 하나님의 약속을 붙잡아야 합니다. 하나님의 음성을 들어야 합니다. 그리고 하나님을 예배해야 합니다.

CHAPTER 05

시련 – 여행 중에 시련을 만날 때

아내를 바로에게 빼앗기고 혼자 있는 아브라함의 마음이 어땠을까요? 자기 생명을 지키자고 아내를 팔아 버린 파렴치한 놈이라고 자책을 했을 것입니다. 아브라함은 비전의 여행 중에 만난 기근이란 시련 앞에서 지금 주저앉게 되었습니다. 왜 아브라함이 비전 여행 중에 시련으로 주저앉게 되었을까요?

첫째, 하나님의 약속을 잊었기 때문입니다.

비전 여행 중에 시련을 만났을 때 그 시련에 함몰되지 말고 처음 그 비전 여행을 시작하게 하셨던 하나님의 그 약속을 다시 생각하십시오. 우리가 약속의 열쇠를 붙잡는다면 어떤 상황에서도 흔들리지 않고 걸어 갈 수 있습니다.

둘째, 하나님의 인도를 잊었기 때문입니다.

비전 여행 중에 시련을 만난 아브라함이 극복하지 못하고 왜 더 깊은 수렁으로 빠졌습니까? 하나님의 음성듣기를 소홀히 했기 때문입니다. '내가 알기에' '내 경험에 의하면' '내 지식대로' '내 판단대로' 시련을 대했고 그 결과 더 깊은 수렁에 빠진 것입니다. 시련을 피해갈 수 없습니다. 시련은 반드시 있습니다. 그렇다면 어떻게 그 시련을 이길 수 있습니까? 하나님의 음성에 귀 기울여야 합니다. 하나님의 인도를 구하십시오. 하나님께서 우릴 인도하실 것입니다.

셋째, 하나님께 예배를 잊었기 때문입니다.

그리스도인의 인생에 실패와 성공은 바로 예배의 실패와 성공에 달려 있다 해도 과언이 아닙니다. 그러므로 그리스도인은 인생에 기근을 만나든 풍요를 만나든 반드시 성공해야 하는 것이 예배입니다. 특별히 우리 인생에 기근의 시기엔 더욱 그렇습니다. 하나님을 예배할 때 우린 기근을 이길 수 있는 용기를 얻게 됩니다. 하나님을 예배할 때 기근을 이길 수 있는 지혜를 얻게 됩니다. 하나님을 예배 할 때 기근 속에서도 영적인 풍요를 누릴 수 있는 것입니다.

생각해보기

1. 우리의 비전여행(결혼생활, 직장생활 등)을 시작할 때 받은 약속을 잊고 흔들렸던 경험이나 그 약속을 기억하며 회복했던 경험을 생각해 봅시다.

2. 우리 삶에 하나님의 음성을 들었던 경험을 생각해 봅시다.

3. 지금 나의 예배 생활에 대하여 점검하고 생각해 봅시다.

CHAPTER
06
갈등

1 아브람이 애굽에서 그와 그의 아내와 모든 소유와 롯과 함께 네게브로 올라가니 2 아브람에게 가축과 은과 금이 풍부하였
더라 3 그가 네게브에서부터 길을 떠나 벧엘에 이르며 벧엘과 아이 사이 곧 전에 장막 쳤던 곳에 이르니 4 그가 처음으로 제
단을 쌓은 곳이라 그가 거기서 여호와의 이름을 불렀더라 5 아브람의 일행 롯도 양과 소와 장막이 있으므로 6 그 땅이 그들
이 동거하기에 넉넉하지 못하였으니 이는 그들의 소유가 많아서 동거할 수 없었음이니라 7 그러므로 아브람의 가축의 목자
와 롯의 가축의 목자가 서로 다투고 또 가나안 사람과 브리스 사람도 그 땅에 거주하였는지라 8 아브람이 롯에게 이르되 우
리는 한 친족이라 나나 너나 내 목자나 네 목자나 서로 다투게 하지 말자 9 네 앞에 온 땅이 있지 아니하냐 나를 떠나가라 네
가 좌하면 나는 우하고 네가 우하면 나는 좌하리라

창13:1-9절

갈등 - 함께 하는 이와의 갈등

2014년 2월 10일 국민 일보에 이런 제목의 기사가 올라왔습니다. 제목은 [단돈 1만원이 뭐 길래....... 부부싸움 아버지, 45일 된 아들 던져 살해] 내용은 이렇습니다. 2010년 오토바이 사고로 다리와 손가락을 제대로 쓰지 못해서 집에서 생활하고 있는 A씨와 다섯 자녀의 양육관계로 일을 할 수 없는 아내는 공적부조금으로 생활해 왔습니다.

평소 경제적 문제로 아내와 자주 다퉈 온 A씨는 사건 당일인 지난 1월29일 수입과 지출을 비교하던 중 돈 1만원이 맞지 않자 "씀씀이가 헤프다." 며 부부싸움을 했습니다. 이 과정에서 화가 난 남편 A씨는 아내의 품에서 젖을 먹고 있는 아들을 아내에게서 빼앗아 안방으로 들고 가서 벽에 던져 아들이 숨진 사건입니다.

분명히 이 부부는 행복한 가정을 꿈꾸며 시작했을 것입니다. 그런데 왜 이렇게 엄청난 파국을 맞이하게 되었을까요? 기사의 제목과 같이 정말 단돈 만원 때문일까요? 좀 더 근원적인 원인은 성숙하게 갈등을 해결하지 못해서 그럴 것입니다.

우리의 비전 여행 가운데 시련이 없을 수 없는 것처럼 갈등이 없을 수는 없습니다. 갈등이 있는 것은 당연한 것입니다. 그러나 많은 사람들이 갈등을 성숙하게 해결하지 못해서 어려움을 겪는 경우가 많습니다. 우리의 비전 여행 중에 성숙한 갈등해결은 반드시 필요합니다.

갈등이 일어나면 당신은 어떻게 해결하십니까? 사람들이 갈등을 해결하는 유형을 네 마리의 동물에 비유하여 설명할 수 있습니다. 첫째는 거북이 형입니다. 이것은 도피형입니다. 거북이가 다급한 상황이 되면 머리를 쏙 집어넣는 것과 같습니다. 갈등으로 인해 마음에 고통을 겪는 것이 싫어서 도망하는 것입니다. 부부싸움하고 말 안하는 사람이 이런 유형입니다.

둘째는 상어형이 있습니다. 이것은 공격형입니다. 위협이나 우격다짐으로 상대방을 꺾어 눌러서 자기주장을 관철시키려는 것입니다. 폭언, 폭행, 멸시, 조소, 비판 등의 방법으로 원하는 것을 쟁취하는 것입니다.

신혼부부가 결혼을 앞두고 예비 신랑이 먼저 결혼한 친구들을 찾아가 어떻게 결혼 생활을 할지 조언을 받습니다. 친구들이 초장에 기선을 제압해야 한다며 신혼여행을 다녀오자마자 갈등이 생기면 물건을 집어 던지라고 가르쳐줍니다. 예비신랑은 물건이 깨지면 돈 낭비가 아니냐고 되물었더니 친구들은 머리를 쓰라면서 중고가게에 가서 값싼 물건을 미리 준비해두라는 것입니다.

좋은 생각이라 여기고 신혼여행을 다녀오자마자 아내의 꼬투리를 잡아 "뭐 이런 게 다 있어?" 하고는 헌 라디오를 집어 던졌습니다. 그랬더니 이게 웬일입니까? 부인은 새 라디오를 집어 던지는 것입니다. 남편이 더 세게 헌 그릇을 깨뜨렸습니다. 그랬더니 아내는 이번엔 새 그릇을 깨뜨리는 것입니다. 결국 남편이 졌다고 합니다.

상어형 즉 공격형은 상대방에 더 큰 저항을 받을 수 있습니다. 물론 의지가 강할수록 승리할 가능성은 높습니다. 그러나 이런 승리엔 너무 큰 상처가 있습니다.

셋째는 여우형입니다. 다른 말로 절충형 또는 타협형이라고 합니다. 각각 자기가 원하는 것, 싫은 것, 상처 받은 것 등을 서로 말하고 또 듣고 이해하는 절차를 통해 오해를 풀고 무지를 깨닫고, 의견을 조정해서 합의를 하는 것입니다. 이 방법은 성숙한 대화기술이 필요합니다. 인내가 필요합니다. 그리고 반복적 훈련이 필요합니다.

넷째는 아기곰형입니다. 다른 말로 양보형입니다. 아기곰 하면 따뜻함이 연상됩니다. 이것은 주로 마음이 따뜻한 사람들이 취하는 방법입니다. 자기권리를 상대방에게 넘겨주는 것을 의미합니다. 내 권리를 어쩔 수 없이 포기하면 섭섭하지만 자발적으로 양보하면 뿌듯합니다. 자발적으로 양보하는 것입니다. 그러나 계속적인 양보는 욕구불만을 불러오게 됩니다. 거북이, 상어, 여우, 아기곰, 당신은 어떤 유형입니까?

본문에 아브라함에게도 갈등이 있었습니다. 갈대아 우르에서부터 아브라함과 함께 살아 온 조카 롯과의 갈등이었습니다. 그 동안 많은 어려움을 함께 이겨내며 비전여행을 함께 했던 동역자입니다. 그런데 이들이 가나안에 정착하고 각자의 소유가 많아졌습니다. 좋은 일입니다. 그런데 좁은 땅에 가축들이 많아지다 보니 가축을 돌보는 목자들 사이에 다툼이 일어난 것입니다.

> "그 땅이 그들이 동거하기에 넉넉하지 못하였으니 이는 그들의 소유가 많아서 동거할 수 없었음이니라"(창13:6절)

아브라함은 동역자인 롯과의 갈등으로 사이가 갈라지는 것을 원하지 않았습니다. 그래서 적극적으로 그 갈등을 해결해 나갑니다. 이런 상황 속에서 믿음의 조상 아브라함은 어떻게 갈등을 풀어갔을지 궁금하지 않습니까? 아브라함이 어떻게 갈등을 극복해 갔는지 살펴보는 것은 비전 여행을 하는 우리가 만나는 갈등극복에 좋은 교훈이 될 것입니다. 우리의 비전여행 중에 만나는 동역자와의 갈등,

어떻게 해결해야 할까요?

|첫째, 더 중요한 것을 생각해야 합니다.

갈등이 일어날 때 우리는 무엇이 더 중요한지를 생각할 수 있어야 합니다. 지금 아브라함의 목자와 롯의 목자들이 서로 싸우고 있습니다. 그때 아브라함은 더 중요한 것을 생각합니다. 더 중요한 것이 무엇인지 아십니까? [가족]입니다.

> "아브라함이 롯에게 이르되 우리는 한 가족이라 나나 너나 내 목자나 네 목자나 서로 다투게 하지 말자"(창13:8절)

아브라함이 롯에게 뭐라 했습니까? [우리는 한 가족이라.] 그렇습니다. 가족이라는 것입니다. 가족이니 다투지 말자는 것입니다. 많은 양을 얻고 부자가 되어도 가족이 깨어진다면 그것은 얼마나 불행한 일입니까? 아브라함은 눈앞에 보이는 이익보다 관계를 먼저 생각한 것입니다.

당신과 함께 비전여행을 하는 가족이나 교회에서 동역자들과 갈등이 있을 때 우리는 이것을 먼저 생각해야 합니다. 우리가 한 가족이라는 것입니다. 가정은 결혼이라는 하나님이 정하신 제도를 통해 만들어진 가족입니다. 또한 교회는 예수님을 믿고 주님의 피를 통해 만들어진 가족입니다.

비전여행을 함께 하는 가정이나 교회에 갈등이 있습니까? 사람보다 중요한 것은 없습니다. 우리와 갈등하고 있는 그분은 하나님께서 너무나 소중하게 여기는 지체라는 것을 아십니까? 그 한 생명을 위해 예수님은 하늘의 보좌를 버리셨고, 십자가에서 자기의 생명을 내어주셨습니다. 갈등이 있습니까? 무엇보다 소중한 것은 사람이고 또한 우리가 가족이라는 것입니다.

여러분 생각해 보십시오. 시어머니와 며느리는 가족입니까? 이것을 풍자한 유머입니다. 어느 부인이 길을 가다가 아는 사람을 만났습니다. "아이고 부인 안녕하세요? 오랜만입니다. 그런데 저번에 결혼한 딸은 잘 살지요?"

"네 물론이지요. 우리 딸이 팔자가 늘어졌습니다. 신랑이 착해서 아침 식사도 알아서 먹고 나가니까 실컷 늦잠을 자고요. 일어나서는 미장원에 가서 머리 손질하고 백화점에서 쇼핑을 즐기다가 밤에 모임에 나가요. 팔자가 늘어졌어요. 시집 잘 갔어요."

"아, 그러세요. 참 그 전에 결혼한 아드님은요?" "아이고, 그 아들은 인생 망쳤습니다. 며느리가 잘못 들어와서 고생이 훤합니다. 며느리가 늘어지게 자빠져 잔다고 출근하는 남편 아침도 안 챙겨 주지요. 미장원 가서 머리한다고 시간 다 보내고 백화점 왔다 갔다 하며 돈 쓰고 밤마다 친구 만나러 다니고 우리 아들 고생문이 훤해요."

무엇보다 더 중요한 것은 관계입니다.

한 때 오랜 시간을 베스트셀러로 읽혀진 [마지막 강의]라는 책이 있습니다. 이 책은 카네기 멜론 대학의 교수였던 랜디 포시가 췌장암 말기로 인해 삶이 얼마 남지 않았을 때 강의한 내용을 기록해서 많은 사람에게 감동을 주었던 책입니다.

어느 날 새로 뽑은 폭스바겐에 자신의 누나와 두 조카를 태울 때였습니다. 누나가 조카들을 향해 이렇게 말하는 것입니다. "애들아, 삼촌 차가 새 차니까 조심해라. 타기 전에 발 털고" 엄마들이 아이들을 향해 흔히 일러주는 말이었습니다.

그 때 랜디는 주눅들은 아이들을 보면서 차는 사람을 위한 것인데 저렇게 아이들이 주눅 들어서야 되겠나 싶어서 곧 바로 음료수 캔을 따서 뒷좌석에 부어버립니다. 왜요? 사람이 물건보다 더 중요하다는 것을 말해 주고 싶었던 것입니다.

후에 조카들이 독감에 걸렸다가 차로 돌아오는 길에 먹은 음식을 뒷좌석에서 다 토합니다. 그 때의 사건을 회상하며 그는 이렇게 말합니다. "그 때 그 조카들은 전혀 죄책감을 갖지 않았습니다. 평안했습니다."

너무나 극단적인 처신이라 말할지 모릅니다. 그러나 얼마 남지 않은 인생을 사는 그는 사랑하는 사람보다 더 소중한 것이 없다는 것을 말하고 싶었던 것입니다. 아니 인생의 마지막이 되어서야 관계가 얼마나 소중했던 것인가를 깨닫게 된 것입니다.

비전여행 가운데 함께 하는 이와의 갈등이 있다면 무엇이 소중한 지를 생각해보십시오. 나의 작은 이익, 나의 작은 자존심보다 하나님의 형상을 닮은 그분이 더욱 소중한 것입니다.

우리 교회가 더 위대한 교회로 하나님 기뻐하시는 교회로, 또 성도들이 모이면 행복한 교회가 되기 위해서는 사람을 소중히 여기는 교회가 되어야 할 줄 믿습니다. 서로의 실수를 용납해주고, 서로를 위해 기도해 줄 수 있는 교회가 되어야 합니다. 무엇보다 우리가 가족이라는 사실을 기억할 때 우리는 갈등을 극복하고 더 위대한 교회가 될 것입니다.

둘째, 더 가치 있는 것을 생각해야 합니다.

주중에 서울에 심방을 갔다가 ○○의 교회 교인을 만났습니다. 하나님께서 세우신 교회를 이렇게 예를 드는 것이 정말 죄송하지만 그분이 자기가 다니는 교회에 대하여 생각할 때마다 속상하다는 것입니다.

지난 연말 송구영신예배를 드리고 집에 오는데 아들이 "엄마 우리 교회가 ○○의 교회가 아니라 자랑의 교회인 것 같아." 하고 말하더랍니다. 사회적으로 많이 회자 되었던 새로 지은 교회 건물을 생각하면서 하는 말이었습니다. 그러면서 교회를 통해 하나님의 영광이 가려지는 것이 마음이 아프다며 그분의 눈가에 눈물이 맺히는 것을 보면서 저도 속상했습니다.

무엇보다 더 가치있는 것은 하나님의 영광입니다.

우리 그리스도인이 사는 목적이 무엇입니까? [하나님의 영광]을 위해 살아야 한다고 말씀하셨습니다. 당신의 삶을 통해 하나님의 영광이 나타나고 있습니까? 하나님의 영광이 가려지고 있습니까?

> "그런즉 너희가 먹든지 마시든지 무엇을 하든지 다 하나님의 영광을 위하여 하라"(고전10:31절)

갈등을 만난 아브라함이 먼저 생각한 것이 있다면 하나님의 영광이 가려지지 않을까 하는 것입니다. 목자들이 다투고 있는데 그곳에 가나안 사람과 브리스 사람 즉 이방인들이 함께 있더라는 것입니다.

> "그러므로 아브람의 가축의 목자와 롯의 가축의 목자가 서로 다투고 또 가나안 사람과 브리스 사람도 그 땅에 거주하였는지라"(창13:7절)

아브라함이 무엇을 생각했을까요? 그래도 하나님을 믿는 사람들인데 이렇게 다투고 있는 모습을 믿지 않는 사람에게 보여 주고 싶지 않았을 것입니다. 하나님의 영광을 가리우는 것이기 때문입니다.

어느 날인가 인터넷 검색을 하던 중에 성남에 어느 목사가 부인을 살해하고 일 년 가까이 시신을 유기하다가 양심에 가책을 느껴 자수한 사건을 접했습니다. 이런 뉴스를 접할 때면 참 마음이 아프면서 이런 뉴스는 보도가 안 되거나 빨리 지나갔으면 하는 생각이 듭니다.

다음날 몸살 기운이 있어 병원에 가서 대기실에 앉아 순서를 기다릴 때 하필 그 뉴스가 나와서 마음이 힘들었습니다. 혹시라도 누가 와서 눈치 없이 "목사님, 안녕하세요." 하고 인사할까봐 걱정이 되는 것입니다. 인사하는 분이 없어서 다행이었습니다.

우리 그리스도인들의 잘못된 삶 때문에 하나님의 영광이 가리어지고 있습니다. 아브라함은 자신들의 갈등이 하나님의 영광을 가리게 될 것을 염려했습니다. 우리의 갈등이 믿지 않는 사람들에게 하나님의 영광을 가리게 됨을 기억해야 합니다. 뿐만 아니라 우리의 갈등하는 모습이 다른 연약한 성도들의 신앙에 나쁜 영향을 미칠 수 있다는 것을 생각해야 합니다.

내 자존심을 지키려다 하나님의 영광을 가리고 있지 않습니까? 연약한 성도들에게 시험을 주고 있지 않습니까? 갈등의 상황에서 하나님의 영광을 가리지 않도록 해결해야 합니다. 그것이 더 가치있는 일이기 때문입니다.

셋째, 더 위대한 것을 생각해야 합니다.

우리는 이기적인 욕심을 채워가며 사는 사람보다는 다른 사람을 위해 자신을 희생하는 사람을 보면 왠지 우리와는 다른 사람처럼 생각 되고 더 위대하게 보이는 것이 사실입니다.

그런데 믿지 않는 사람들이 예수 믿는 우리에게 그런 위대한 삶을 기대한다는 것을 아십니까? 같은 실수를 하더라도 믿지 않는 사람이 하는 실수보다 믿는 사람이 하는 실수가 더 큰 욕을 먹게 됩니다. 믿는 사람이라 하더라도 평신도가 하는 실수보다 목회자가 하는 실수는 더 큰 욕을 먹게 됩니다.

왜 그렇습니까? 믿는 사람에 대한 믿지 않는 사람들의 기대가 있기 때문입니다. 우리가 갈등을 해결하는 과정에서도 이런 생각을 할 수 있어야 합니다. 우리는 믿지 않는 사람들과는 다른 모습을 보여 주어야 합니다.

아브라함은 갈등 속에 더 위대한 일을 생각하고 있습니다. 아브라함이 생각한 더 위대한 것이 무엇일까요? 하나님 안에서 손해 보는 일입니다.

본문에 아브라함은 갈등의 해결책으로 대안을 제시합니다. 넓은 땅이 있으니까 여기서 다투지 말고 가축들을 나누어 기르자는 것입니다. 그러면서 아브라함은 롯에게 더 좋은 땅을 먼저 선택하라고 합니다. 아브라함은 하나님 안에서 손해를 선택한 것입니다.

"네 앞에 온 땅이 있지 아니하냐 나를 떠나가라 네가 좌하면 나는 우하고 네가 우하면 나는 좌하리라"(창13:9절)

무엇보다 더 위대한 것은 양보입니다.

그리스도인은 당연한 것을 하는 사람이 아니라 더 위대한 것을 하는 사람이어야 합니다. 더 위대한 일이 무엇입니까? 아브라함이 삼촌으로 먼저 선택할 권리가 있습니다. 그러나 그는 권리를 양보합니다. 자신의 권리를 주장하는 것은 당연한 것입니다. 그러나 당연한 권리를 양보하는 것은 더 위대한 것입니다.

더 위대한 것을 행하는 그리스도인이라면 얼마든지 갈등을 해결할 수 있을 것입니다. 우리가 내 것을 주장하고 내 자존심을 세우려 하고, 내 권리를 찾으려하기 때문에 갈등이 생기는 것 아닙니까? 내 자존심, 내 권리를 조금만 포기하는 것이 작지만 그것은 내 것을 주장하는 것보다 더 위대한 일입니다. 우리는 더 위대한 삶을 살도록 부르심을 받은 사람입니다.

마지막으로 이동원 목사를 통해 들은 그리스도인으로 위대한 인생을 살았던 한 청년의사 이야기를 하려고 합니다. 이 청년은 고려대91학번입니다. 의예과를 나와 군의관으로 복직하던 중 유행성 출혈로 33세의 젊은 나이에 세상을 떠났습니다. 그의 이름은 안수현입니다.

한 젊은 의사의 죽음에 무려 4천 명이나 되는 사람들이 찾아왔다고 합니다. 그리고 그들은 이 젊은 의사가 자신들에 행했던 이야기를 털어 놓기 시작했고 그러면서 이 젊은 의사의 이야기가 세상에 알려지게 되었습니다.

영정사진을 보면서 한 할아버지는 울면서 말합니다. 할아버지는 이 의사가 근무하는 병원 앞에서 구두를 닦는 사람입니다. 이 청년은 굳이 닦을 필요가 없는 구두를 가지고 와서는 돈을 더 주면서 구두를 닦게 하고 "할아버지 힘드시죠? 춥지 않으세요? 예수 믿으세요. 인생이 행복해져요." 하면서 자신을 진심으로 대해 주었다는 것입니다.

한 할머니가 다시 말합니다. "나는 이 의사 선생님이 근무하는 병원에서 세탁 일을 합니다. 내가 지저분한 세탁물을 카트에 담아 끌고 갈 때 아무도 나에게 주목하는 사람은 없었습니다. 그러나 이 청년 의사는 늘 곁에 와서 카트를 끌어 주면서 안부를 물어주고, 비타민을 선물로 주면서 예수 믿으면 너무 좋다고 하면서 예수님을 전해 주어 예수 믿게 되었습니다."

한 초등학생이 말합니다. "의사 아저씨가 나에게 너무 친절하게 대해주면서 완쾌되면 생일파티를 해주겠다고 했어요. 그런데 내가 아저씨 모르게 퇴원을 했는데 어느 날 서울에서 부산까지 나를 찾아 와서 파티해준다는 약속을 지켜주었어요."

모두가 자기를 챙기기 급급해 하며 사는 이 세상에서 그는 누가 봐도 바보처럼 살았습니다. 병원에서 파업이 벌어졌습니다. 환자 곁을 떠날 수 없다고 다른 의사들에게 왕따를 당하면서도 환자 곁을 지키는 의사였습니다. 한번은 간호사가 약병을 깨뜨렸습니다. 자기와 상관이 없지만 함께 깨진 병을 치워주며 약값을 함께 보충해주었던 바보 같은 의사였습니다.

돈이 없어 그냥 병원 문을 나가는 할머니를 붙잡고 병원비를 대신 내주고 말없이 사라지는 바보 같은 의사. 돌보던 환자가 죽었다는 소식을 듣고 장례식장까지 찾아가는 바보 같은 의사. 가방에 신앙서적과 찬양 CD를 넣고 다니며 필요한 사람에게 거저 나누어 준 바보 같은 의사.

그의 삶은 이렇게 장례식장을 찾은 사람들을 통해 알려졌습니다. 축복의 통로로 살았던 사람. 만나는 사람마다 감동을 주며 예수 그리스도를 증거했던 사람. 그러기 위해 자신을 희생하며 살았던 사람. 조금이라도 자신의 삶을 통해 주님 사랑을 나누며 살기를 원했던 사람.

그는 인터넷에 자신의 글을 올릴 때마다 "예수님의 스티그마(흔적) 안수현"라고 썼습니다. 아마도 자신의 삶을 통해 조금이나마 예수님의 흔적을 남기고 싶었던 가 봅니다. 33년의 짧은 인생을 세상에 죄인을 위해 송두리째 십자가에 던진 예수님처럼 그는 33년의 짧은 삶을 주님의 흔적을 남기고 살았던 것입니다.

어떻습니까? 갈등을 가지고 고민하고 있다면 당신은 정말 부끄러운 사람입니다. 왜요? 우리는 갈등이 아니라 오히려 더 위대한 사랑을 실천하며 살아야 할 사람이기 때문입니다. 어떻습니까? 당신이 걸어온 삶이 갈등으로 얼룩진 삶은 아닙니까? 오늘 하나님 앞에 서 있는 당신의 모습은 어떻습니까? 더 위대한 인생을 살아야 하지 않겠습니까?

CHAPTER **06**

갈등 – 함께 하는 이와의 갈등

+ Abraham + + + + + + Abraham

우리의 비전 여행 가운데 시련이 없을 수 없는 것처럼 갈등이 없을 수는 없습니다. 갈등이 있는 것은 당연한 것입니다. 그러나 많은 사람들이 갈등을 성숙하게 해결하지 못해서 어려움을 겪는 경우가 많습니다. 우리의 비전 여행 중에 성숙한 갈등해결은 반드시 필요합니다. 우리의 비전여행 중에 만나는 동역자와의 갈등 어떻게 해결해야 할까요?

첫째, 더 중요한 것을 생각해야 합니다.

아브라함의 목자와 롯의 목자들이 서로 싸우고 있습니다. 그때 아브라함은 더 중요한 것을 생각합니다. 무엇인지 아십니까? 가족이라는 것입니다. 가족이니 다투지 말자는 것입니다. 많은 양을 얻고 부자가 되어도 가족이 깨어진다면 그것은 얼마나 불행한 일입니까? 아브라함은 눈앞에 보이는 이익보다 관계를 먼저 생각한 것입니다.

둘째, 더 가치 있는 것을 생각해야 합니다.

우리 그리스도인들의 잘못 된 삶 때문에 하나님의 영광이 가리어지고 있습니다. 아브라함은 자신들의 갈등이 하나님의 영광을 가리게 될 것을 염려했습니다. 우리의 갈등이 믿지 않는 사람들에게 하나님의 영광을 가리게 됨을 기억해야 합니다. 갈등의 상황에서 하나님의 영광을 가리지 않도록 해결해야 합니다. 그것이 더 가치 있는 일이기 때문입니다.

셋째, 더 위대한 것을 생각해야 합니다.

더 위대한 것을 행하는 그리스도인이라면 얼마든지 갈등을 해결할 수 있을 것입니다. 우리가 내 것을 주장하고 내 자존심을 세우려고 하고, 내 권리를 찾으려하기 때문에 갈등이 생기는 것 아닙니까? 내 자존심, 내 권리를 조금만 포기하는 것이 작지만 그것은 내 것을 주장하는 것보다 더 위대한 일입니다. 우리는 더 위대한 삶을 살도록 부르심을 받은 사람입니다.

생각해보기

1. 갈등 중에 우리는 더 중요한 것을 생각해야 합니다. 더 중요한 것은 관계입니다. 갈등 때문에 관계를 깨뜨린 경험을 생각해 봅시다.

2. 갈등 중에 우리는 더 가치 있는 것을 생각해야 합니다. 더 가치 있는 것은 하나님의 영광입니다. 갈등 때문에 하나님의 영광을 가렸던 것을 생각해 봅시다.

3. 갈등 중에 우리는 더 위대한 일을 생각해야 합니다. 더 위대한 일은 내 권리를 포기하고 양보하는 것입니다. 내 권리를 포기하지 못해 갈등을 심화시켰던 상황을 생각해 봅시다.

CHAPTER

07

물질

17 아브람이 그돌라오멜과 그와 함께 한 왕들을 쳐부수고 돌아올 때에 소돔 왕이 사웨 골짜기 곧 왕의 골짜기로 나와 그를
영접하였고 18 살렘 왕 멜기세덱이 떡과 포도주를 가지고 나왔으니 그는 지극히 높으신 하나님의 제사장이었더라 19 그가
아브람에게 축복하여 이르되 천지의 주재이시요 지극히 높으신 하나님이여 아브람에게 복을 주옵소서 20 너희 대적을 네 손
에 붙이신 지극히 높으신 하나님을 찬송할지로다 하매 아브람이 그 얻은 것에서 십분의 일을 멜기세덱에게 주었더라 21 소
돔 왕이 아브람에게 이르되 사람은 내게 보내고 물품은 네가 가지라 22 아브람이 소돔 왕에게 이르되 천지의 주재이시요 지
극히 높으신 하나님 여호와께 내가 손을 들어 맹세하노니 23 네 말이 내가 아브람으로 치부하게 하였다 할까 하여 네게 속한
것은 실 한 오라기나 들메끈 한 가닥도 내가 가지지 아니하리라 24 오직 젊은이들이 먹은 것과 나와 동행한 아넬과 에스골과
마므레의 분깃을 제할지니 그들이 그 분깃을 가질 것이니라

창14:17-24절

물질 - 여행하는 이의 물질관

대체적으로 자유분방한 미국의 한 흑인교회에서 목사님이 설교를 합니다. "오늘날 교회는 절름발이가 되었습니다. 이제 교회는 일어나 걸어야 합니다." 그랬더니 한 청년이 일어나 "주님, 걷게 하소서." 하고 소리를 칩니다.

목사님은 계속해서 말합니다. "아니 우리는 걸어갈 수 없습니다. 우리가 할 일이 너무 많습니다. 우리가 하나님의 나라를 위해 달려가야 합니다." 그러자 자유분방한 흑인 회중은 여기저기 소리를 칩니다. "달려가게 하소서. 달려가게 하소서."

목사님은 계속해서 말합니다. "주님은 우리에게 땅 끝까지 복음을 전하라 하셨습니다. 그러기 위해서 교회는 달릴 수 없습니다. 날아가야 합니다." 역시 여기저기 소리를 칩니다. "날아가게 하소서.

날아가게 하소서."

목사님은 더욱 힘주어 말합니다. "우리가 땅 끝까지 복음을 전하기 위해서는 선교에 헌신해야 하며 무엇보다 선교헌금에 헌신해야 합니다. 우리가 그 헌금에 동참해야 합니다." 갑자기 모두가 조용한 가운데 처음 소리쳤던 청년이 일어나 말합니다. "걷게 하소서. 걷게 하소서."

그래서 예수님께서는 우리에게 물질관에 대하여 가르치시면서 한 사람이 두 주인을 섬기지 못한다고 말씀하셨나 봅니다. 두 주인이 무엇입니까? 한 주인은 하나님이고 한 주인은 재물입니다. 여기에 우리가 주목해야 할 것이 있습니다. 재물이 우리의 주인이 될 수 있다는 말씀입니다.

어떻게 우리가 재물에 노예가 될 수 있을까요? 예수님께서 재물을 표현한 헬라어를 보면 [맘모나]라는 단어를 쓰셨는데 이 말의 뜻은 [신뢰하는 자]라는 의미입니다. 재물신이란 말입니다. 재물을 의인화함으로 재물이 사람의 주인이 될 수 있다고 가르치고 계신 것입니다.

실제로 우리 인간들은 맘몬으로 인해 많은 영향을 받고 있습니다. 먼저 맘몬은 우리에게 두려움을 줍니다. '늙으면 어떻게 살지?' '병들면 병원비라도 있을까?' 방법이 없을 거라 생각하니까 욕심이 생기고 인색해 집니다.

함께 밥을 먹으러 가도 밥값 내는 것을 두려워합니다.(함께 밥 먹으러 갈 때면 신발 끈 많은 신발 신고, 신발 끈을 묶는데 5분 걸려서 늦게 일어납니다.) 우리는 축복을 유통하는 사람이 되어야 하는데 우리가 유통해 주어야할 대상을 외면하고 영향력 없는 사람으로 살게 합니다.

그런가 하면 맘몬은 돈이면 모든 것을 해결 할 수 있다는 어리석은 생각을 하게 합니다. 예를 들어 이제 지방선거가 얼마 안 남았는데 돈 가방을 갖다 주고 공천을 받아옵니다. 역시 돈이 들어가야 해결된다는 생각을 합니다. 이런 것이 생각 속에 있다면 당신은 맘몬에 영향을 받고 있는 것입니다.

나아가서 맘몬은 돈이 나를 행복하게 해준다는 생각을 하게 합니다. 오늘날 젊은 남녀가 결혼하는 중요한 조건은 돈입니다. 돈 많은 남자를 찾습니다. 돈이 행복하게 한다고 생각하니까 사랑도 배신합니다. 우리 마음에 지금 돈이 없어서 불행하다는 생각이 있다면 맘몬에 영향을 받고 있는 것입니다.

또한 맘몬은 우리로 하여금 소유권에 집착하게 만듭니다. 내 이름이 적혀 있으면 내 것이라 생각합니다. 착각입니다. 하나님은 자기의 소유에 집착한 한 부자에게 어리석은 자라고 말씀하십니다. 그리고 우리에게 청지기라고 가르치고 계십니다.

"어리석은 자여 오늘 밤에 네 영혼을 도로 찾으리니 그러면 네 준비한 것이 누구의 것이 되겠느냐"(눅12:20절)

이렇게 재물은 아니 맘몬은 우리에게 물질에 대하여 왜곡되게 하고 결국은 재물의 노예가 되게 합니다. 그래서 비전 여행을 하는 비저너리들은 물질에 대한 바른 가치관을 가져야 합니다. 그래야 우리의 비전 여행이 바른 여행이 될 수 있기 때문입니다.

본문의 내용은 이렇습니다. 자기의 욕심만을 찾아 결국은 하나님의 심판으로 멸망하게 될 소돔으로 건너간 롯은 그곳에 정착하여 안정을 누리는 듯했습니다. 그곳에서 딸들이 시집을 가고 재산은 점점 불어났습니다.

그러나 얼마 지나지 않아 가나안 북부 메소포타미아 지역 4개연합국과 가나안 남부 사해 지역 5개연합국 사이에 전쟁이 일어납니다. 결국 롯이 살던 가나안 남부 사해 지역의 5개연합국이 패배함으로 소돔에 살던 롯과 일행이 북부 연합군에 잡혀 포로로 끌려가게 됩니다.

어느 날 조카 롯이 포로로 잡혔다는 소식을 접한 아브라함은 그의 집에서 기른 318명을 이끌고 가나안 북부 원정군을 추격합니다. 야밤 기습공격을 통해 연합군을 격파하고 결국 롯을 비롯한 포로들을 구출하고 약탈당한 재물을 찾아 돌아옵니다.

그가 승리의 개가를 부르며 돌아 올 때 사웨 골짜기에서 소돔 왕과 살렘 왕 멜기세덱을 만나게 됩니다. 이 두 사람과의 만남에서 우리는 아브라함의 물질에 대한 태도를 발견할 수 있습니다. 비저너리 아브라함의 물질에 대한 태도는 어떠했을까요? 비전 여행을 하는 비저너리(visionary)의 물질에 대한 태도는 어떠해야 할까요?

|첫째, 소득이 깨끗해야 합니다.

먼저 소돔 왕과의 만남에서 나눈 대화를 통해 우리는 비저너리, 아브라함의 소득에 대한 태도를 알 수 있습니다. 21절을 보면 소돔 왕이 아브라함에게 정복자가 전리품을 취하는 것이 당연한 것이니 물품은 아브라함이 갖고 포로들은 돌려보내 달라고 요청합니다.

> "소돔 왕이 아브람에게 이르되 사람은 내게 보내고 물품은 네가 가지라" (창14:21절)

그러나 그에 대하여 아브라함은 어떤 태도를 취합니까? 22절에서 아브라함은 손을 들어 맹세 합니다. 그리고 23절에서 소돔 왕의 물질은 하나도 가지지 않겠다고 말합니다. 단호하게 거절을 합니다.

> "아브람이 소돔 왕에게 이르되 천지의 주재이시요 지극히 높으신 하나님 여호와께 내가 손을 들어 맹세하노니"(창14:22절)

"네 말이 내가 아브람으로 치부하게 하였다 할까 하여 네게 속한 것은 실 한 오라기나 들메끈 한 가닥도 내가 가지지 아니하리라"(창14:23절)

5개 연합국이 탈취당한 전리품이라면 한낱 족장에 불과했던 아브라함에게는 엄청난 재물이었을 것입니다. 아브라함을 지역에 유력한 부자로 만들기에 충분했을 것입니다. 전리품을 취하는 것은 당연한 관례입니다.

그러나 아브라함은 거절했습니다. 왜 아브라함이 거절했을까요? 소돔 왕 때문에 부자 됐다는 소리를 듣고 싶지 않다는 것입니다. 소돔 왕이 아브라함에게 주고자 하는 재물은 억울한 자들의 눈물과 피로 얼룩진 가증한 물건이었습니다. 뿐만 아니라 그곳에 사는 이들의 소유역시 죄악의 산물 입니다. 결론적으로 아브라함은 타락하고 부정한 물질을 취하지 않겠다는 것입니다.

이것이 아브라함의 소득에 관한 태도입니다. 비전 여행을 하는 사람이라면 불의한 재물을 조심해야 합니다. 하나님이 주신 비전을 따라 가는 비저너리에게는 반드시 정결함이 필요합니다. 정직함이 필요합니다. 깨끗해야 합니다.

정직하지 못한 세상에서 정직하게 살아야 합니다.

사실 정직하지 못한 세상에서 정직하게 사는 일은 쉽지 않은 일입니다. 오히려 바보 취급을 당할 수 있습니다. 많은 손해를 입어야 합니다. 그러나 누군가는 그 손해를 무릅 쓰고 정직하게 살기를 도전해야 하지 않겠습니까?

누가 하겠습니까? 저는 그것이 그리스도인의 사명이라 믿습니다. 그리스도인이 아니고는 할 수 없습니다. 왜냐하면 정직하지 못한 세상에서 정직하게 살다가 입는 손해에 대해서 하나님께서 책임져주신다는 믿음이 우리 그리스도인에게 있기 때문입니다.

정직함 때문에 손해를 봐야 한다면 정직함을 선택해야 합니다. 그것이 반복되면 신용이라는 더 큰 재산을 얻게 될 것입니다. 사단은 정직하게 하면 손해보고 그러다 망할 것이라는 두려움을 우리에게 심어주지만 우리가 하나님을 의지해서 손해 볼지라도 정직을 선택하면 하나님은 우리에게 새로운 일들을 이루실 것입니다.

역대상 29장 12절은 우리에게 필요한 모든 것이 주의 손에 달렸다는 것입니다. 우리가 기도하는 제목들에 응답이 주님의 손에 있다는 것입니다.

> "부와 귀가 주께로 말미암고 또 주는 만물의 주재가 되사 손에 권세와 능력이 있사오니 모든 사람을 크게 하심과 강하게 하심이 주의 손에 있나이다"(대상29:12절)

그렇다면 하나님은 왜 그것을 들고만 계실까요? [하나님 보시기에 옳은 사람] 주님의 기준에 인정되는 사람에게 재물을 주시겠다는 것입니다(렘27장5절).

"나는 내 큰 능력과 나의 쳐든 팔로 땅과 지상에 있는 사람과 짐승들을 만들고 내가 보기에 옳은 사람에게 그것을 주었노라"(렘27:5절)

그 사람이 누구입니까? 깨끗한 사람, 정직한 사람입니다. 이것을 물질에 대입을 한다면 우리의 소득이 깨끗해야 합니다. 예를 들어 도둑질한 돈이라면 깨끗한 수입이라 할 수 없습니다. 우리는 도둑질 하지 않았다고 자신 있게 말할지 모르겠습니다.

그러나 어떤 사람은 물건을 사고 간이 영수증으로 공금을 도둑질 하며 삽니다. 뭘 그 정도 가지고 그러냐고 하실 수 있습니다. 그런 것은 관행이라고 말하는 분도 있을 수 있습니다. 그러나 하나님께서 기뻐하시는 삶을 살려고 한다면 작은 것이라도 바르게 해야 합니다.

불로소득으로 벌었다면 깨끗한 수입이라 할 수 없습니다. 도박이나 투기로 소득을 얻으려는 생각을 하지 말아야 합니다. 어떤 분은 도박으로 번 돈에 십일조를 해야 되느냐고 묻는 분이 있었습니다. 로또에 당첨된 돈으로 건축을 하면 어떨까요? 그것은 하나님이 기뻐하시는 것이 아닙니다. 수고하지 않은 일확천금을 얻는 것은 하나님의 방식이 아닙니다.

정당하지 못한 직업으로 벌었다면 깨끗한 수입이라 할 수 없습니다. 예를 들어 몸을 팔아 번 돈을 하나님이 기뻐하실까요? 그분을 우리가 정죄할 수는 없습니다. 그러나 그분이 돌이킬 수 있도록 도와드려야 합니다. 그래서 그리스도인은 직업도 잘 선택해야 합니다. 무조건 하나님께 드리기만 하면 하나님이 좋아 하시는 것이 아닙니다. 하나님이 원하시는 것은 깨끗한 것을 원하시는 것입니다.

> "창기가 번 돈과 개 같은 자의 소득은 어떤 서원하는 일로든지 네 하나님 여호와의 전에 가져오지 말라 이 둘은 다 네 하나님 여호와께 가증한 것임이니라"(신23:18절)

시편을 보십시오. 하나님의 법을 따라 살지 않고 악의 꾀를 따르는 사람에 대하여 바람에 나는 겨와 같다고 말합니다. "후~" 하고 불면 날아간다는 것입니다. 그래서 악인의 길은 망한다는 것입니다. 그러나 반대로 하나님의 말씀을 즐거워하고 그 말씀을 따라 순종하는 이에게는 시냇가에 심겨진 나무와 같이 철을 따라 열매를 맺고 형통할 것이라고 말씀하십니다(시1편).

하나님 보시기에 옳은 사람에게 필요를 채워주신다 하셨습니다. 하나님 보시기에 옳은 사람은 깨끗한 소득을 추구하는 사람입니다. 그릇된 세상에서 바르게 산다는 것이 어려운 것이 사실입니다. 그러나 그리스도인은 불의한 세상에서 깨끗하게 살면서 손해 보기를 작정하고 사는 사람입니다. 그리고 그래서 입는 손해를 하나님 안에서 보상받는 것을 믿고 사는 사람입니다.

둘째, 소비가 정확해야 합니다.

아브라함이 두 번째로 만난 사람은 살렘 왕 멜기세덱이었습니다. 멜기세덱은 개선하는 아브라함의 일생에게 떡과 포도주를 접대하며 침략자를 물리치고 평화를 가져다 준 아브라함에게 먼저 감사의 표시를 합니다. 그리고 그는 제사장으로서 아브라함을 축복합니다(18절).

"그가 아브람에게 축복하여 이르되 천지의 주재이시오 지극히 높으신 하나님이여 아브람에게 복을 주옵소서"(창14:19절)

이어서 멜기세덱은 아브라함에게 승리를 주신 하나님께 찬양할 것을 권합니다.

"너희 대적을 네 손에 붙이신 지극히 높으신 하나님을 찬송할지로다"(창14:20절)

이런 축복에 대한 반응으로 아브라함은 제사장 멜기세덱에게 십일조를 바치게 됩니다.

"아브람이 그 얻은 것에서 십분의 일을 멜기세덱에게 주었더라"(창14:20절)

아브라함은 자기 손에 들어 와 있지만 자기 것과 자기 것이 아닌 것을 분별하는 사람이었습니다. 아브라함은 하나님의 것을 정확하게 분별하여 하나님께 드리고, 소돔 왕에겐 불의의 재물을 깨끗하게 돌려주고, 24절에 보면 함께 싸웠던 이들에 분깃을 정확히 분별하여 나누고 있는 것을 봅니다.

> "오직 젊은이들이 먹은 것과 나와 동행한 아넬과 에스골과 마므레의 분깃을 제할지니 그들이 그 분깃을 가질 것이니라"(창14:24절)

이것이 비전여행을 하는 비저너리를 향한 아브라함의 메시지입니다. 우리의 비전 여행이 하나님께서 기뻐하시는 여행이 되려면 소득이 깨끗해야 하지만 아울러 소비도 정확해야 합니다.

심을 씨와 먹을 씨

우리는 우리가 번 소득은 다 내 것이라는 생각을 합니다. 그러나 성경은 그렇게 말씀하지 않으십니다. 고린도후서9장에 보면 바울은 헌금에 대하여 가르치면서 우리는 심는 자 즉 농부라고 하십니다. 하나님은 농부인 우리에게 심을 씨와 먹을 양식을 주셨습니다.

> "심는 자에게 씨와 먹을 양식을 주시는 이가 너희 심을 것을 주사 풍성하게 하시고 너희 의의 열매를 더하게 하시니라"(고후9:10절)

정리하면 하나님께서 우리에게 주신 소득에는 우리가 먹을 양식만 있는 것이 아니라 심어야 할 씨가 함께 있다는 것입니다. 기억해야 합니다. 심을 씨는 애초부터 우리의 것이 아닙니다. 심을 씨는 내가 아닌 누군가를 위한 몫입니다. 좀 과격한 표현이지만 그래서 말3장8절은 십을 씨를 먹는 사람은 도둑이라고 합니다.

그렇다면 십을 씨는 무엇입니까? 우선은 십일조를 말씀하십니다. 십일조는 내 것이 아닙니다. 하나님 것입니다. 하나님께서 십으라고 주신 것입니다. 아무리 깨끗하게 벌었어도 하나님의 것을 하나님께 돌리지 않는다면 하나님의 것을 도둑질한 것입니다.

하나님은 십일조를 통해서 우리를 테스트 하시는 것입니다. 서론에서 말씀 드린 것처럼 우리는 두 주인을 섬길 수 없습니다. 하나님을 섬기든지 재물 즉 맘몬을 섬기든지 둘 중에 하나를 섬기게 되어 있습니다.

십일조는 우리가 재물에 노예가 되지 않고 하나님의 종으로 살게 하는 마지노선입니다. 십일조를 드릴 수 있다는 것은 돈에 대한 지나친 욕심을 극복했다는 것입니다. 십일조를 드림으로 더 이상 돈신에 끌려 다니지 않고 하나님께서 기뻐하시는 소비를 할 수 있게 된다는 것입니다. 그래서 십일조가 테스트입니다.

신앙의 연륜이 짧은 교인이라면 쉽지 않은 것이 사실 십일조생활입니다. 그럴 수 있습니다. 그러나 신앙의 연륜이 있고 교회의 리더인 분이 온전한 십일조 생활을 하지 않는다면 그것은 부끄러운 일입니다.

온전한 십일조 생활을 하지 못하는 분이라면 하나님 앞에 자기의 삶이 온전히 조정되지 못한 분이기 때문에 그런 분이 교회 리더가 된다면 교회는 절대로 건강할 수 없습니다. 리더란 교회를 위해 온전히 헌신하는 사람인데 물질의 십일조를 헌신 할 수 없다면 다른 부분은 말할 것도 없는 것입니다. 왜냐하면 재물이 하나님과 견 줄 만큼 우리에게 소중한 것이기 때문입니다.

심겨진 십일조의 열매를 말라기에서 세 가지로 우리에게 가르쳐주십니다. 먼저, 하늘 문을 열어 복을 주시겠다는 것입니다.

> "만군의 여호와가 이르노라 너희의 온전한 십일조를 창고에 들여 나의 집에 양식이 있게 하고 그것으로 나를 시험하여 내가 하늘 문을 열고 너희에게 복을 쌓을 곳이 없도록 붓지 아니하나 보라"(말3:10절)

둘째, 우리 삶에 열매를 메뚜기가 물어가지 않도록, 열매가 기한 전에 떨어지지 않도록 해주시겠다는 것입니다. 쓸데없이 새는 것을 막아 주신다는 것입니다.

> "만군의 여호와가 이르노라 내가 너희를 위하여 메뚜기를 금하여 너희 토지소산을 먹어 없애지 못하게 하며 너희 밭의 포도나무 열매가 기한 전에 떨어지지 않게 하리니"(말3:11절)

셋째, 하나님의 도움으로 복 받았다고 많은 사람들에게 칭송받게 된다는 것입니다. 이것이 심겨진 십일조의 열매입니다.

"너희 땅이 아름다워지므로 모든 이방인들이 너희를 복되다 하리라"(말 3:12절)

우리에게 주신 심을 씨는 무엇입니까? 구제를 위한 것입니다. 특별히 심을 씨와 먹을 양식을 이야기하기 전 바울이 언급한 것이 구제를 위한 헌물이었습니다. 구제를 위한 헌물은 심을 씨입니다. 그것은 우리가 먹을 것이 아닙니다. 심어야 하는 것입니다.

심겨진 구제에 대한 열매도 시편에 보면 세 가지로 우리에게 가르쳐주십니다. 시편41편 1-3절을 보면 가난한 자를 보살피는 자에게 복이 있다 하시면서 [여호와께서]로 시작하는 세 가지의 복을 말씀하십니다.

먼저, 우리가 가난한 자를 보살필 때 재앙에서 건지시겠다고 약속하셨습니다.

"가난한 자를 보살피는 자에게 복이 있음이여 재앙의 날에 여호와께서 그를 건지시리로다"(시41:1절)

둘째, 하나님이 지켜 주셔서 세상에서 복을 받게 하시겠다고 약속하셨습니다.

"여호와께서 그를 지키사 살게 하시리니 그가 이 세상에서 복을 받을 것이라 주여 그를 그 원수들의 뜻에 맡기지 마소서"(시41:2절)

셋째, 우리가 병들었을 때에 병에서 고쳐 주시겠다고 약속하셨습니다.

"여호와께서 그를 병상에서 붙드시고 그가 누워 있을 때마다 그의 병을 고쳐 주시나이다"(시41:3절)

우리에게 주신 심을 씨를 한 가지 더 말씀을 드린다면 하나님의 나라를 위해 심는 것입니다. 구약성경 학개 1장을 보면 바벨론 포로에서 돌아온 이스라엘 백성들의 삶이 궁핍합니다(6절). 하나님의 축복이 그쳤습니다(10절). 이유가 뭡니까? 자기 집을 짓는 것을 우선하면서 하나님의 성전에 등한히 했기 때문입니다.

"이것이 무슨 까닭이냐 내 집은 황폐하였으되 너희는 각각 자기의 집을 짓기 위하여 빨랐음이라"(학1:9절)

학개 선지자의 말씀을 들은 이스라엘이 돌이켜 하나님의 전을 다시 짓기 시작합니다. 그때 하나님은 이제부터 복을 주시겠다고 약속을 하십니다.

"열매가 맺지 못하였느니라. 그러나 오늘부터는 내가 너희에게 복을 주리라"(학2:19절)

심을 씨로 인한 축복들에 대하여 자세히 나누었는데 다시 주목해봅시다. 대표적으로 심을 씨 세 가지(십일조, 구제, 하나님나라)

를 말씀 드렸는데 심을 씨는 먹을 양식이 아닙니다. 우리가 심어야 하는 것입니다. 하나님이 주신 비전여행을 하는 비저너리라면 소비가 정확해야 합니다. 심을 씨와 먹을 양식이 분명하게 구분되어야 합니다.

이런 삶은 믿음으로 살기로 결단하는 사람이 할 수 있습니다. 하나님은 요단강을 갈라놓고 건너라고 하시지 않습니다. 여전히 요단강은 흐르고 있습니다. 그 강에 발을 내딛는 것은 죽음과도 같습니다. 그러나 하나님을 믿고 흐르는 요단강에 발을 내 딛을 때 비로소 요단강이 갈라지는 기적을 체험하게 되는 것입니다.

이것이 믿음으로 사는 삶입니다. 우리가 믿음으로 살기로 결단하고 발을 내딛을 때 우리는 비로소 하나님을 경험하게 될 것입니다. 믿음으로 결단하고 시도할 때 우리의 지식적인 믿음이 실재 믿음으로 바뀔 것입니다. 우리가 믿음으로 결단하고 순종할 때 하나님을 더욱 신뢰하게 될 것입니다.

한 목사님이 물질에 대한 설교를 하면서 성도들에게 "여러분 물질을 많이 버십시오." 라고 말했더니 청중들은 센스가 있는 설교자라고 생각하며 "아멘!"을 외쳤습니다. 이어서 "물질을 저축해야 합니다." 하고 말했더니 청중들은 현실적인 감각이 있는 설교자라고 생각하며 "아멘!"이라고 외쳤습니다. 이어서 설교자가 "그 물질을 하나님의 영광을 위해 쓰십시오." 라고 했더니 청중들은 '오늘 설교다 버렸구만!' 하고 생각했다고 합니다. 이 설교가 당신에게 '다 버린 설교'가 아니라 당신의 삶속에 축복의 시작이 되는 설교가 되길 축원합니다.

CHAPTER **07**

물질 - 여행하는 이의 물질관

+ Abraham + + + + + + Abraham

그가 승리의 개가를 부르며 돌아 올 때 사웨 골짜기에서 소돔 왕과 살렘 왕 멜기세덱을 만나게 됩니다. 이 두 사람과의 만남에서 우리는 아브라함의 물질에 대한 태도를 발견할 수 있습니다. 비저너리 아브라함의 물질에 대한 태도는 어떠했을까요? 비전 여행을 하는 비저너리(Visionary)의 물질에 대한 태도는 어떠해야 할까요?

첫째, 소득이 깨끗해야 합니다.

하나님 보시기에 옳은 사람에게 필요를 채워주신다 하셨습니다. 하나님 보시기에 옳은 사람은 깨끗한 소득을 추구하는 사람입니다. 그릇된 세상에서 바르게 산다는 것이 어려운 것이 사실입니다. 그러나 그리스도인은 불의한 세상에서 깨끗하게 살면서 손해 보기를 작정하고 사는 사람입니다. 그리고 그래서 입는 손해를 하나님 안에서 보상받는 것을 믿고 사는 사람입니다.

둘째, 소비가 정확해야 합니다.

하나님께서 우리에게 주신 소득에는 우리가 먹을 양식만 있는 것이 아니라 심어야 할 씨가 함께 있습니다. 우리가 심어야 할 씨는 십일조, 구제, 하나님의 나라를 위하여 드리는 물질입니다. 하나님이 주신 비전여행을 하는 비저너리라면 소비가 정확해야 합니다. 심을 씨와 먹을 양식이 분명하게 구분되어야 합니다.

이런 삶은 믿음으로 살기로 결단하는 사람이 할 수 있습니다. 하나님은 요단강을 갈라놓고 건너라고 하시지 않습니다. 여전히 요단강은 흐르고 있습니다. 그 강에 발을 내딛는다는 것은 죽음과도 같습니다. 그러나 하나님을 믿고 흐르는 요단강에 발을 내 딛을 때 비로소 요단강이 갈라지는 기적을 체험하게 되는 것입니다.

생각해보기

1. 내 삶 가운데 불의한 소득에 대해 유혹을 거절한 경험과 그 때 들었던 마음은 어떠했는지도 생각해 봅시다.

2. 세 가지의 심을 씨(십일조, 구제, 하나님 나라) 가운데 당신에게 부족한 부분이 어떤 것인지 생각해 봅시다.

3. 내 삶 가운데 심을 씨를 심음으로 맺었던 열매들을 생각해 봅시다.

CHAPTER

08

의심

1 이 후에 여호와의 말씀이 환상 중에 아브람에게 임하여 이르시되 아브람아 두려워하지 말라 나는 네 방패요 너의 지극히
큰 상급이니라 2 아브람이 이르되 주 여호와여 무엇을 내게 주시려 하나이까 나는 자식이 없사오니 나의 상속자는 이 다메섹
사람 엘리에셀이니이다 3 아브람이 또 이르되 주께서 내게 씨를 주지 아니하셨으니 내 집에서 길린 자가 내 상속자가 될 것
이니이다 4 여호와의 말씀이 그에게 임하여 이르시되 그 사람이 네 상속자가 아니라 네 몸에서 날 자가 네 상속자가 되리라
하시고 5 그를 이끌고 밖으로 나가 이르시되 하늘을 우러러 뭇별을 셀 수 있나 보라 또 그에게 이르시되 네 자손이 이와 같으
리라 6 아브람이 여호와를 믿으니 여호와께서 이를 그의 의로 여기시고 7 또 그에게 이르시되 나는 이 땅을 네게 주어 소유
를 삼게 하려고 너를 갈대아인의 우르에서 이끌어 낸 여호와니라

창15:1-7절

의심 – 비전이 흔들릴 때

철지난 유머로 시작하겠습니다. 우유시리즈입니다. 처음 아이가 태어나면 부모들은 천재가 되라고 아인슈타인 우유를 먹입니다. 그러다 초등학교에 입학하면 기대치가 낮아지면서 서울대학에 가라고 서울우유를 먹입니다. 그러나 중학교에 가면 연세대학은 갔으면 하는 기대로 연세우유를 먹입니다.

그러나 그것도 마음대로 되지 않으니까 고등학교에 가면서 건국대학이라도 가라고 건국우유를 먹입니다. 그러나 아들이 고3이 되면 부모님들은 그 기대마저 무너지면서 저~ 지방대학이라도 갔으면 하는 마음으로 저지방우유를 먹입니다.

결국 그것마저 마음대로 안 되는 부모님들은 매일 튼튼하게만 자라달라고 매일우유를 먹입니다. 그런데 자식에 대한 모든 기대를 잃어버리고 낙심한 부모들에게 그래도 웃으며 살라고 권하는 우유가 뭔지 아십니까? 빙그레 우유라고 합니다.

자녀에 대한 기대와 큰 비전을 품고 시작했지만 그 비전이 현실의 장벽 앞에서 흔들리며 기대와 비전을 잃어가는 현실을 풍자한 유머인 것 같습니다.

이같이 우리가 인생을 살다보면 큰 기대를 가지고 비전여행을 시작했지만 시간이 지나면서 현실의 장벽 앞에서 기대가 흔들리고 비전이 흔들릴 때가 많이 있습니다.

본문은 "이 후에"로 시작합니다. 그렇다면 이 후는 언제 후를 말합니까? 본문 앞에 14장은 아브라함이 가나안 북부 메소포타미아 4개 연합국에 끌려간 롯을 구하는 전쟁에 승리한 이야기를 소개합니다. 그러니까 "이 후에"는 전쟁에 승리한 후를 말합니다.

전쟁에 승리한 아브라함의 마음이 어땠을까요? 1절을 보면 하나님께서 아브라함에게 두려워하지 말라고 하십니다. 왜 그런 말씀을 하셨겠습니까? 아브라함이 두려워하고 있었다는 의미 아니겠습니까?

> "이 후에 여호와의 말씀이 환상 중에 아브람에게 임하여 이르시되 아브람아 두려워하지 말라"(창15:1절)

아마도 아브라함에게 승리 후에 기쁨이 있었을 것입니다. 하지만 그 기쁨이 얼마 가지 못한 것 같습니다. 왜요? 아브라함에게 이 승리를 계속해서 지켜 줄 아들이 없었기 때문입니다. 아브라함은 미래가 막막했습니다. 불안한 미래로 인해 두려웠던 것입니다. 이 비전 여행이 잘못된 것은 아닌가하는 의구심이 생겼을 것입니다. 과연 이 비전 여행을 계속할 수 있을까 하며 비전이 흔들렸을 것입니다.

본문은 비전이 흔들리는 아브라함을 향한 하나님의 처방이 담겨져 있습니다. 우리의 비전 여행 길에도 본문의 아브라함과 동일한 고민이 있지 않습니까? '과연 내가 이 길을 계속해서 가야 하나?' '나의 미래는 어떻게 되지?' 그래서 비전이 흔들리는 아브라함을 향한 하나님의 처방을 함께 살펴보며 비전이 흔들릴 때 어떻게 해야 할지 알아보려고 합니다. 그렇다면 우리의 비전이 흔들릴 때 어떻게 해야 할까요?

|첫째, 처음에 약속을 기억해야 합니다.

비전이 흔들리며 두려워하고 있는 아브라함을 찾아오신 하나님께서는 아브라함을 텐트 밖으로 불러내어 말씀하십니다. 뭐라고 하셨을까요? 5절을 보면 자식을 줄 것이란 하나님의 약속을 다시 상기시키십니다.

> "그를 이끌고 밖으로 나가 이르시되 하늘을 우러러 뭇별을 셀 수 있나 보라 또 그에게 이르시되 네 자손이 이와 같으리라"(창15:5절)

그리고 7절을 보면 땅을 주실 것이란 약속을 상기시키십니다.

"또 그에게 이르시되 나는 이 땅을 네게 주어 소유를 삼게 하려고 너를 갈대아인의 우르에서 이끌어 낸 여호와니라"(창15:7절)

무슨 의미일까요? 비전이 흔들리는 아브라함을 향해 하나님은 처음에 약속을 기억하라 하시는 것입니다. 비전이 흔들리십니까? 처음 비전여행을 떠날 때 약속을 생각하십시오. 처음 시작할 때의 마음을 생각해야 합니다. 왜 그럴까요? 처음 우리가 기도하며 하나님께서 주셨던 그곳에 하나님이 뜻이 들어 있기 때문입니다. 지금은 힘들어서 다른 생각이 드는 것입니다.

우리의 마음이 불안하거나 조급할 때, 마음이 편치 않을 때는 중요한 결정을 내리면 안 된다고 하지 않았습니까? 왜요? 그때는 상황 때문에, 환경 때문에 힘들어서 판단이 흐려지는 것입니다. 그래서 처음 시작할 때의 약속을 생각해야 합니다.

|지금 흔들리는 것은 환경 때문입니다.

저는 고등학교 2학년 때 목회자로 부르심을 받았습니다. 그것이 가치 있는 일이라고 생각했습니다. 그리고 좋은 목회자가 되기 위해 나름 열심히 준비 했습니다. 대학4학년 때에 기독교 관련 신문에 공모전 당첨 소설을 읽게 됩니다. 신학대학원을 졸업하고 나환자촌에 목회를 시작한 목사님이 그들을 헌신적으로 돌보다 목사님을 비롯한 모든 가족이 결국 동일한 병에 걸린다는 이야기입니다.

그 소설을 읽고 저는 비전이 흔들렸습니다. '혹시 하나님께서 나를 저 아프리카 오지 식인종 부족에게 보내시면 어떻게 하지? 나야 부르심을 받았다고 하지만 나와 결혼할 아내나 태어날 자녀들은 자기의 선택과 상관없이 그곳으로 가야 하는 것인가?' 갑자기 혼란스러웠습니다. 그리고 너무나 오랜 시간을 방황했습니다. 마음을 잡지 못하고 방황하는 시간들이 너무나 힘들었습니다.

어떤 결정을 내리지 못하고 갈등하는 가운데 군에 갔습니다. 방황은 계속 되었습니다. 군대를 전역했지만 갈등하는 가운데 신학대학원에 갈 수 없어서 용인에 있는 한 중학교에 기간제 교사를 하게 됩니다.

어느날 기도하는 중에 처음 하나님의 부르심이 분명하다는 확신이 생기고 신학대학원에 가게 되었습니다. 그리고 많은 시간이 지난 지금 저는 처음 주님이 부르신 그 부르심이 정확한 부르심이었다는 것을 확신하게 됩니다.

지금 가는 길에 흔들림이 있습니까? 계속해야 할지 방황하고 있습니까? 처음 기도하던 때를 생각하십시오. 처음 주님의 부르심을 다시 생각해야 합니다. 지금 어렵다고 주님의 계획을 의심하지 말아야 합니다. 처음에 부르심이 분명하다면 지금 가는 길에 흔들림은 상황 때문입니다. 환경 때문입니다. 일시적인 것입니다. 그 부르심을 다시 붙들어야 합니다. 처음에 약속을 기억하십시오.

|둘째, 살리시는 하나님을 믿어야 합니다.

비전이 흔들릴 때 우리는 처음으로 돌아가 처음 약속을 기억해야 하고 두 번째는 살리시는 하나님을 믿어야 합니다. 6절을 보면 아브라함은 하나님을 믿었다고 합니다.

> "아브람이 여호와를 믿으니 여호와께서 이를 그의 의로 여기시고"(창 15:6절)

그렇다면 아브라함은 어떤 하나님을 믿었습니까? 로마서에서 설명을 합니다. 로마서4장17절을 보면 아브라함은 하나님이 죽은 자를 살리시며 없는 것을 있는 것으로 부르시는 하나님인 것을 믿었습니다.

> "그가 믿은바 하나님은 죽은 자를 살리시며 없는 것을 있는 것으로 부르시는 이시니라"(롬4:17절)

무슨 말입니까? 로마서4장19절에서 바울은 이렇게 설명합니다. 이미 백세입니다. 생식기능은 죽었습니다. 그것을 알고 있지만 하나님은 하실 수 있다고 믿었다는 것입니다. 그래서 로마서4장18절은 아브라함의 믿음을 바랄 수 없는 중에 믿은 믿음이었다고 말씀합니다.

"그가 백세나 되어 자기 몸이 죽은 것 같고 사라의 태가 죽은 것 같음을 알고도 믿음이 약하여지지 아니하고"(롬4:19절)

"아브라함이 바랄 수 없는 중에 바라고 믿었으니"(롬4:18절)

이것이 아브라함의 믿음입니다. 비전이 흔들릴 때 아브라함은 살리시는 하나님, 부활의 능력을 지니신 하나님을 믿었습니다. 불가능한 것을 가능케 하시는 하나님을 믿었습니다. 상황은 소망이 없어 보이지만 그 상황을 초월하시는 하나님을 믿었습니다.

흐르는 요단강에 발을 내딛어야 합니다.

신앙생활을 한다는 것은 그런 것입니다. 성경에 인간의 지식으로 믿어지는 것이 어디 있습니까? 처녀가 남자 없이 잉태할 수 있는 것입니까? 여리고 성을 침묵하며 돌다가 소리치면 견고한 성이 무너지는 것입니까? 죽은 사람이 삼일 만에 부활 할 수 있는 것입니까?

어차피 인간의 지식과 경험으로는 이해할 수 없는 일입니다. 그러나 성경은 다 그런 얘기 아닙니까? 여전히 요단강은 흐르고 있습니다. 그곳에 발을 내딛는 것은 이해할 수 없는 것입니다. 죽음입니다. 그러나 그 이성을 초월하는 것입니다. 그리고 하나님을 믿고 발을 내 딛는 것입니다. 신앙은 그런 것입니다.

구약성경을 보면 이스라엘의 전쟁에는 특징이 있습니다. 그들이 전쟁할 때는 꼭 하나님의 말씀을 들어야 합니다. "내가 저 땅을 네게 줄 것이다." "내가 저들을 네 손에 붙였다." 하나님께서 말씀하시면 "아멘"하고 나가는 것입니다. 군사가 많건 적건 상관하지 않습니다. 이미 이긴 전쟁입니다. 군사의 수를 보는 것이 아닙니다. 하나님의 약속을 믿고 전쟁에 뛰어드는 것입니다. 이것이 믿음입니다.

그런데 이런 믿음의 삶은 단순히 "아멘" 하고 대답한다고 되는 것은 아닙니다. 흐르는 요단강에 믿음으로 발을 내딛으라는 하나님의 말씀을 듣고 "아멘!"하고 소리친다고 요단강이 멈추는 것이 아닙니다. 중요한 것은 한 걸음을 내 딛어야 합니다. 아멘이 아니라 발을 내딛어야 요단강을 멈추시는 하나님을 경험하게 됩니다.

인생이 두려움으로 흔들리고 있습니까? 하나님을 향한 비전 여행이 흔들리고 있습니까? 죽은 자를 살리시는 하나님을 믿었던 아브라함처럼 그 하나님을 믿으십시오. 그리고 아멘이 아니라 그 하나님께 당신의 삶을 던져버리십시오. 단순히 아멘으로 끝나는 것이 아니라 그 하나님께 당신의 인생을 던져버릴 때 살리시는 하나님의 능력을 경험하게 될 것입니다.

셋째, 하나님 한분으로 만족해야 합니다.

아브라함의 비전이 흔들리는 이유가 무엇입니까? 지금 당장 자식이 없다는 것입니다. 그래서 2절과 3절에서 아브라함은 반복해서 자신은 자식이 없어 자신의 상속자는 다메섹 사람 엘리에셀이라고 말합니다.

"아브람이 이르되 주 여호와여 무엇으로 내게 주시려 하시나이까 나는 자식이 없사오니 나의 상속자는 이 다메섹 사람 엘리에셀이니이다"(창15:2절)

우리나라도 과거에 아들이 방패고 상급이었듯이 아브라함의 시대도 아들이 방패고 상급이었습니다. 아브라함은 지금 승리 후에 불안이 찾아 왔습니다. 이 승리를 지켜 줄 방패인 아들이 없다는 것입니다. 자신의 상급인 아들이 없다는 것입니다. 그래서 미래가 불안하고 두려운 것입니다.

이런 아브라함의 마음을 하나님이 아실까요? 모르실까요? 물론 아셨습니다. 그래서 아브라함에게 나타나셔서 하나님이 처음 하신 말씀이 무엇입니까? 1절을 보면 두려워하지 말라는 것입니다. 그리고 하나님을 방패로 삼으라고 하십니다.

"이 후에 여호와의 말씀이 환상 중에 아브람에게 임하여 이르시되 아브람아 두려워하지 말라. 나는 네 방패요. 너의 지극히 큰 상급이니라"(창15:1절)

이 말씀이 하나님께서 아브라함에게 정말 하고 싶으신 말씀이라고 믿습니다. '그래, 내가 아들과 땅을 너에게 줄 거야. 또 그 아들이 너의 방패이고 상급이 맞아. 그런데 아브라함! 네가 왜 두려운지

아니? 내가 너의 진정한 방패고 상급이란 사실을 네가 잊고 있기 때문이야.'

아들이 있고 없고 보다 더 근원적인 문제를 말씀하시는 것입니다. 아브라함은 지금 아들을 생각하느라 하나님을 잊고 있었습니다. 아니 아들이 없다고 하나님을 원망하는지도 모르겠습니다. 왜 아브라함이 흔들렸습니까? 아들에게 집착하다 하나님을 잊었습니다. 그래서 원망하고 있습니다.

하나님은 아브라함에게 하박국 선지자의 고백을 기대하셨을 것입니다. 무화과 열매, 포도나무 열매, 감람나무에 소출, 밭에 먹을 것, 우리에 양, 외양간의 소들이 없어도 다시 말해 꼬박꼬박 들어오는 월급, 불어나는 통장에 잔액, 건강, 승진, 아파트 그런 것들이 없어도 하나님만으로 기뻐할 수 있냐는 것입니다.

> "비록 무화과나무가 무성하지 못하며 포도나무에 열매가 없으며 감람나무에 소출이 없으며 밭에 먹을 것이 없으며 우리에 양이 없으며 외양간에 소가 없을 지라도 나는 여호와로 말미암아 즐거워하며 나의 구원의 하나님으로 말미암아 기뻐하리로다"(합3:17-18절)

숨은 동기를 살펴봅시다.

지난 월요일 지방회가 있었습니다. 목사님들이 모여 예배를 드리는데 설교를 하시는 목사님이 [숨은 동기를 살피라]는 제목으로 설교를 하셨습니다. 목회를 하는 우리의 동기가 무엇이냐는 것입니다.

목회자의 욕심을 채우려는 동기, 목회자의 이름을 내려는 동기가 숨겨져 있지 않냐는 것입니다. 그러면서 우리가 하나님께 돌아가자고 하셨습니다. 성도가 있건 없건, 교회건물이 있건 없건, 교회가 부흥하건 하지 않건, 상황과 상관없이 우리가 하나님 한분으로 만족하며 그 분 안에서 누리는 기쁨을 회복하기만 한다면 목사가 행복하고 성도가 행복할 것이라며 숨은 동기를 살펴보라는 것입니다.

많은 것을 생각하게 했습니다. 그리고 하나님 앞에 제 자신을 돌아보았습니다. 제가 기쁨을 잃어버리고 때론 제 안에 두려움이 있었습니다. 제 자신을 잘 포장했지만 숨어 있었습니다. 그때는 여지없이 제 안에 하나님 아닌 다른 것이 있었던 것을 발견했습니다. 하나님께 회개했습니다.

하나님 없이 하나님이 주신 축복에 집착할 때 우린 아브라함과 같이 삶의 기쁨을 잃어버리고 두려움 가운데 빠질 수밖에 없습니다. 그래서 하박국 선지자같이 비록 상황이 어렵다할지라도 하나님 한 분만으로 기뻐하는 것이 내 삶에 진정한 행복을 누리는 길이라는 것을 기억해야 합니다.

또한 하나님 한 분만으로 기뻐할 때 하나님은 아브라함에게 방패가 되어 주시고 상급이 되어 주셨습니다. 아들도 주시고 땅도 주셨습니다. 왜냐하면 하나님 안에 그 모든 것이 있기 때문입니다. 하나님 한분으로 만족하며 살아봅시다. 숨은 동기를 살펴서 내려놓고 하나님 안에서 찾아봅시다. 하나님 안에 모든 것이 들어 있습니다.

[바람이 불어도 좋아]의 저자인 김병년 목사님의 말씀을 듣는데 참 은혜가 되었습니다. 목사님은 31살에 하나님이 짝지어주신 소중한 아내를 만나서 가난했지만 믿음 안에서 아름다운 가정을 이루고 살았습니다. 그런데 2005년 8월 10일 교회를 개척하고 3개월 뒤, 그리고 셋째를 출산하고 3일 뒤에 사모님이 뇌경색으로 쓰러졌습니다. 세 아이를 키우는 것도 어려운 일인데 쓰러진 사모님을 돌보는 것이 얼마나 힘들었겠습니까?

2008년 한 집회에 강사로 초청을 받아 기도로 준비하기 위해 목사님은 누워 계신 사모님에게 "여보 이제 당신도 어느 정도 안정이 되었으니 휠체어를 타고 교회 가서 40일 작정기도를 합시다." 하고 식물인간인 아내와 교회에서 기도를 했다고 합니다. 그런데 어느 날 서늘한 것 같아서 아내의 다리에 전기 찜질기를 올려 주었는데 찜질기가 고장나서 사모님의 다리에 화상을 입었습니다.

오산리기도원에 20일 금식기도를 하는데 19일이 돼도 하나님은 아무런 말씀이 없더랍니다. 그래도 20일을 채우고 새벽에 "하나님 저 내려갑니다." 했더니 하나님께서 "나는 네 안에 있다." 라고 하시더랍니다.

평소 같으면 그 음성에 좋아서 흥분했을 텐데 그 날은 하나님께 소리를 쳤답니다. "하나님 당신이 내 안에 있는 거 다 압니다. 내 앞에도 있고 옆에도 있고 내 뒤에도 있고 다 압니다. 내가 그래서 기도원에 올라온 것 아니잖아요. 당신이 내 안에 계시기 때문에 왔잖아요. 아픈 아내 좀 일으켜 달라고 왔는데 왜 맨날 그 소리 입니까?"

아내가 쓰러지고 이제 9년이 지나는데 아이 앞에서 울겠습니까? 성도 앞에서 울겠습니까? 하나님 앞에서 엉엉 우는 것입니다. 2013년 사순절 기간에 기도하면서 '하나님 저 힘들어요.' 하고 엉엉 울면서 기도하는데 하나님은 아무 말씀도 안하시더래요. 그런데 갑자기 로마서8장32절 말씀을 주시더랍니다.

> "자기 아들을 아끼지 아니하시고 우리 모든 사람을 위하여 내주신 이가 어찌 그 아들과 함께 모든 것을 우리에게 주시지 아니하겠느냐"(롬8:32절)

여기 '모든 것' 이라고 했습니다. 여기에 우리가 넣고 싶은 것이 많잖아요. 아들 대학합격, 사업대박, 건강 등등 많습니다. 그래서 목사님도 다 넣었답니다. "그래요. 하나님 아들도 주신 이가 왜 내 아내 고쳐주기를 인색하십니까?"

그런데 계속 읽어가다 보니 35절 이후에 환난, 곤고, 박해, 기근, 적신 이런 말들이 나오는데 별로 받아들이고 싶지 않았답니다. 자기가 생각한 '모든 것' 안에 그런 것은 두고 싶지 않았답니다.

그런데 그 말씀 앞에 뭐라고 했어요? 이 모든 것에도 하나님의 사랑에서 끊어지지 않는다는 말씀을 보는데 갑자기 성령이 물으시더래요. "병년아, 네 인생에서 내 아들보다 귀한 것 있니? 아들을 준 사람에게 뭘 더 달라고 하는 것이냐?"

순간 하나님께서 너무나 슬픈 표정으로 울부짖는 소리가 들리더랍니다. "병년아! 내가 아들까지 주었는데 그 아들 귀한 것은 모르고 또 뭘 더 달라고 하는 것이냐? 왜 너를 위해 십자가에 생명을 내어 준 내 아들을 귀한 줄을 모르니!" 순간 목사님은 귀를 의심했답니다.

그리고 잠시후 하나님께 울면서 말씀드렸다고 합니다. "하나님, 저 아들이 가장 귀해요. 다른 것 구하지 않을게요. 하나님이 가장 귀해요. 하나님의 사랑이 충분합니다." 그러면서 목사님은 우리에게 주님보다 귀한 것이 있으면 우상이 아니냐고 물으셨습니다. 십자가 말고 더 달라고 하면 욕심이 아니냐는 것입니다.

9년 동안이나 식물인간으로 살고 있습니다. 그가 아내를 위해 할 수 있는 일이라고는 성경을 읽어주고, 아내의 이마에 손을 얹고 기도하는 것, 그리고 우는 것뿐이었다고 합니다. 아무런 반응도 없이 "여보 힘들죠?" 단 한 마디도 할 수 없는 아내를 간호하는 것이 얼마나 힘들었을까요? 그런데 어느 날 너무 힘든 상태로 병실을 나오는 데 갑자기 입술에서 찬양이 나오더랍니다.

주 품에 품으소서 능력의 팔로 덮으소서
거친 파도 날 향해 와도 주와 함께 날아오르리
폭풍 가운데 나의 영혼 잠잠하게 주를 보리라

그는 그때 깨달았다고 합니다. "그래, 위를 쳐다보지 않으면 죽는 것이로구나, 주님만 바라보라고 하시는 구나" 하늘을 보세요. 하나님을 보세요. 땅을 보고 상황을 보면 우린 흔들릴 수밖에 없습니다. 살리시는 하나님을 봐야 우리는 흔들리지 않고 비전여행을 계속할 수 있습니다.

CHAPTER 08

의심 – 비전이 흔들릴 때

+ Abraham + + + + + + Abraham

우리의 비전여행 길에도 본문의 아브라함과 동일한 고민이 있지 않습니까? 과연 내가 이 길을 계속해서 가야 하나? 나의 미래는 어떻게 되지? 그래서 비전이 흔들리는 아브라함을 향한 하나님의 처방을 함께 살펴보며 비전이 흔들릴 때 어떻게 해야 할지 알아보려고 합니다. 그렇다면 우리의 비전이 흔들릴 때 어떻게 해야 할까요?

첫째, 처음에 약속을 기억해야 합니다.

지금 가는 길에 흔들림이 있습니까? 계속해야 할지 방황하고 있습니까? 처음 기도하던 때를 생각하십시오. 처음 주님의 부르심을 다시 생각해야 합니다. 지금의 어려움 때문에 주님의 계획을 의심하지 말아야 합니다. 처음에 부르심이 분명하다면 지금 가는 길에 어려움은 상황 때문입니다. 환경 때문입니다. 일시적인 것입니다. 그 부르심을 다시 붙들어야 합니다. 처음에 약속을 기억하십시오.

둘째, 살리시는 하나님을 믿어야 합니다.

우리의 인생이 두려움으로 흔들리고 있습니까? 하나님을 향한 비전 여행이 흔들리고 있습니까? 죽은 자를 살리시는 하나님을 믿었던 아브라함처럼 그 하나님을 믿으십시오. 그리고 아멘이 아니라 그 하나님께 당신의 삶을 던져버리십시오. 단순히 아멘으로 끝나는 것이 아니라 그 하나님께 당신의 인생을 던져버릴 때 살리시는 하나님의 능력을 경험하게 될 것입니다.

셋째, 하나님 한분으로 만족해야 합니다.

하나님 한 분만으로 기뻐할 때 하나님은 아브라함에게 방패가 되어 주시고 상급이 되어 주셨습니다. 아들도 주시고 땅도 주셨습니다. 왜냐하면 하나님 안에 그 모든 것이 있기 때문입니다. 하나님 한분으로 만족하며 살아봅시다. 숨은 동기를 살펴서 내려놓고 하나님 안에서 찾아봅시다. 하나님 안에 모든 것이 들어 있습니다.

생각해보기

1. 지금 당신이 가고 있는 비전여행은 무엇인지를 선포하고, 그 비전여행을 시작하게 된 '처음에 약속'이 무엇인지를 생각해 봅시다.

2. 지금 당신의 삶에 아브라함처럼 살리시는 하나님을 믿음으로 내 딛어야 할 '한 걸음'은 무엇인지 생각해 봅시다.

3. 당신이 하나님이 아닌 어떠한 것으로 기뻐하고 있는 것은 무엇인지 생각해 봅시다.

CHAPTER

09

섬김

1 여호와께서 마므레의 상수리나무들이 있는 곳에서 아브라함에게 나타나시니라 날이 뜨거울 때에 그가 장막 문에 앉아 있
다가 2 눈을 들어 본즉 사람 셋이 맞은편에 서 있는지라 그가 그들을 보자 곧 장막 문에서 달려나가 영접하며 몸을 땅에 굽혀
3 이르되 내 주여 내가 주께 은혜를 입었사오면 원하건대 종을 떠나 지나가지 마시옵고 4 물을 조금 가져오게 하사 당신들의
발을 씻으시고 나무 아래에서 쉬소서 5 내가 떡을 조금 가져오리니 당신들의 마음을 상쾌하게 하신 후에 지나가소서 당신들
이 종에게 오셨음이니이다 그들이 이르되 네 말대로 그리하라 6 아브라함이 급히 장막으로 가서 사라에게 이르되 속히 고운
가루 세 스아를 가져다가 반죽하여 떡을 만들라 하고 7 아브라함이 또 가축 떼 있는 곳으로 달려가서 기름지고 좋은 송아지
를 잡아 하인에게 주니 그가 급히 요리한지라 8 아브라함이 엉긴 젖과 우유와 하인이 요리한 송아지를 가져다가 그들 앞에
차려 놓고 나무 아래에 모셔 서매 그들이 먹으니라

창18:1-8절

섬김 – 여행하는 이의 영향력

리더십 전문가인 존 맥스웰은 리더십은 영향력이라고 했습니다. 우리는 리더하면 높은 자리에 앉은 사람이나 높은 지위를 가진 사람을 생각하지만 리더란 영향력을 나타내는 사람입니다.

누가 교회의 리더입니까? 담임목사가 리더입니까? 리더는 지위나 자리에 달린 것이 아닙니다. 담임목사가 바르지 않아 교회가 힘들어 지는 경우가 얼마나 많이 있습니까? 그러나 어떤 이는 누구 하나 주목하지 않지만 자기 자리에서 많은 사람에게 말없이 힘을 주고 용기를 주며 영적인 도전을 주고 있는 분이 있습니다. 그런 분이 교회의 리더인 것입니다.

그런 분들의 특징이 무엇일까요? 그런 분들은 대부분 잘 섬기는 사람입니다. 인류에 가장 큰 영향력을 나타내신 분이 누구일까요?

예수님일 것입니다. 예수님이 어떻게 그런 영향력을 나타내실 수 있었을까요? 바로 섬김이었습니다.

마가복음10장45절에서 예수님은 인생의 사명선언문을 말씀하십니다. 예수님은 섬기되 자기 목숨을 내어 주시기까지 섬김으로 그런 영향력을 나타내신 것입니다.

> "인자가 온 것은 섬김을 받으려 함이 아니라 도리어 섬기려 하고 자기 목숨을 많은 사람의 대속물로 주려 함이니라"(막10:45절)

비저너리의 인생을 사는 우리도 깊이 생각해야 합니다. 어떻게 우리 인생을 통해 선한 영향력을 나타내며 살아 갈 수 있을까요? 바로 섬김의 자세로 살아야 합니다. 그 섬김을 통해 우리는 세상에 진정한 리더로 세워지게 될 것입니다.

본문은 아브라함이 자기 집 앞을 지나는 세 사람을 섬기는 모습을 우리에게 소개하고 있습니다. 우리는 아브라함이 이 세 사람을 섬기는 모습에서 우리의 섬김의 모습을 찾아 봐야 하겠습니다. 영향력이 섬김에서 나온다면 비저너리의 섬김의 모습은 어떠해야 할까요?

첫째, 아브라함의 섬김은 주님을 섬기는 섬김입니다.

본문 1절을 보면은 아브라함이 지금 어디에 앉아 있습니까? 장막 문 앞에 앉아 있습니다.

"여호와께서 마므레의 상수리나무들 있는 곳에서 아브라함에게 나타나 시니라 날이 뜨거울 때에 그가 장막 문에 앉아 있다가"(창18:1절)

계속해서 2절에서는 장막 문에 앉아 있던 아브라함이 눈을 들어 세 사람이 서 있는 것을 보고 달려가 그들을 영접하고 몸을 굽혀 인사를 합니다.

"눈을 들어 본즉 사람 셋이 맞은편에 서 있는지라 그가 그들을 보자 곧 장막 문에서 달려 나가 영접하며 몸을 땅에 굽혀"(창18:2절)

이 세 사람이 누구입니까? 1절에서 보았듯이 여호와께서 나타나셨다 했습니다. 그러니까 우리는 이 세 사람이 하나님과 일행이라 생각할 수 있을 것입니다. 학자 마다 약간은 다르지만 보통은 하나님과 그의 천사들이라고 말합니다.

그런데 아브라함이 이 세 사람이 하나님이시라는 사실을 알았을까요? 몰랐습니다. 그냥 지나가는 사람입니다. 아브라함에게는 그냥 지나가는 사람이지만 아브라함은 반가운 손님을 맞이하듯이 달려 나갔습니다. 그리고 몸을 땅에 굽혀 인사를 합니다.

또 3절을 보면 아브라함은 그들을 '내 주여' 하고 부르고 있습니다. 이 말은 당시에 존경받아 마땅한 사람들에게 쓰는 말입니다. 그리고 3절 이하를 보면 그들을 섬기는 모습이 구체적으로 나와 있습니다.

"이르되 내 주여 내가 주께 은혜를 입었사오면 원하건대 종을 떠나 지나 가지 마시옵고"(창18:3절)

이것이 아브라함의 섬김의 특징입니다. 그저 지나는 나그네지만 그 분을 최선을 다하여 섬기고 있습니다. 그래서 히13장2절을 보면 부지중에 섬겼지만 결국 그 섬김은 하나님을 섬기는 섬김이라고 합니다. 이게 누구를 가리킬까요? 아브라함일 것입니다.

"손님 대접하기를 잊지 말라 이로써 부지중에 천사들을 대접한 이들이 있었느니라"(히13:2절)

모든 일을 주께 하듯해야 합니다.

신약성경은 이것을 좀 더 구체적으로 우리에게 설명합니다. 골로새서3장23-24절을 보면 사람에게 하지만 그것이 결국 주님을 섬기는 것입니다. 그래서 우린 누굴 섬겨도 하나님을 생각하고 섬겨야 합니다.

"무슨 일을 하든지 마음을 다하여 주께 하듯 하고 사람에게 하듯 하지 말라. 이는 기업의 상을 주께 받을 줄 아나니 너희는 주 그리스도를 섬기느니라"(골3:23-24절)

앞에서 우리가 하나님 앞에 완전하게 행하기 위해서는 [코람데오] 즉 하나님 앞에서 행해야 한다는 말씀을 드렸습니다. 어떤 상황에서도 하나님을 인식하며 살아야 합니다. 섬김도 마찬가지입니다.

누구를 섬기든지 주님을 인식하며 섬겨야 합니다. 우리는 사람을 대하지만 하나님을 만나는 것입니다.

톨스토이의 단편 [사랑이 있는 곳에 신도 있다]는 그런 면에서 우리에게 전하는 메시지가 있습니다. 구두 수선공인 주인공 마틴 아브제이치는 동네에서 인정받는 매우 성실하고 성품이 좋은 사람입니다.

어느 날 저녁 성경을 읽으며 누가복음 7장을 읽습니다. 바리새인 시몬의 집에 계신 예수님을 위해 죄 많은 여인이 와서 예수님의 발에 향유를 붓고 자기의 머리털로 씻을 때 바리새인 시몬이 여인에게 화를 내자 예수님께서 시몬을 책망하시고 여인을 칭찬합니다.

이 부분을 읽던 마틴은 만약 주님이 찾아오시면 시몬처럼 푸대접하면 안 되겠다는 생각을 하며 잠이 들었습니다. 갑자기 "마틴!" 하는 소리가 들려 잠에서 깼는데 "내일 네 집을 방문할 거다." 하는 소리가 들립니다. 보이는 이는 없었지만 주님의 소리라 생각하며 잠자리에 듭니다.

다음날 그는 간밤에 들은 음성을 생각하며 지나가는 사람들을 유심히 봅니다. 아침에 부잣집 정원사로 일하며 어렵게 살고 있는 노인이 열심히 눈을 치우다 구둣방 앞에서 잠시 쉬는 것을 보고 친절한 마틴은 그를 안으로 데려와 따뜻한 차를 대접하며 대화를 나누었습니다. 노인은 다시 나가 일을 계속합니다.

마틴은 계속해서 주님을 기다리는데 오후에 남루한 차림의 한 여인이 아이를 안고 추위에 떨고 서 있는 모습을 봅니다. 측은한 마음에 자신이 먹으려고 준비한 스프와 빵을 대접하고 음식을 먹고 나가는 여인에게 자신의 외투를 주어 아이를 감싸게 해주었습니다.

해는 넘어가는데 예수님이 오시지 않습니다. 마음이 조급해졌습니다. 밖을 보니 사과를 다 팔지 못한 사과장수 할머니가 구둣방 앞에 멈춰 서있고 갑자기 꼬마 아이가 사과를 훔쳐 달아납니다. 그런데 할머니에게 잡혀 호되게 혼이 납니다. 마틴은 보기가 딱해서 아이를 대신해 사과 값을 물어 주고 두 사람을 화해시킵니다.

그렇게 하루가 끝났습니다. 마틴은 가게를 정리하고, 저녁 식사를 한 후 성경을 읽다 잠이 들었는데 갑자기 귀에 속삭이는 소리가 들립니다. "마틴! 내가 너에게 갔었는데, 너는 나를 알아보지 못하더구나." 마틴은 놀라서 묻습니다. "언제 오셨는데요?"

그 때, 마틴의 눈앞에 정원사 할아버지가 웃고 있는 모습이 보였다 사라집니다. 그리고는 음성이 들립니다. "그게 나였다." 이어서 아기를 안고 있는 여인의 미소 띤 모습이 보이다가 사라집니다. 그리고는 또 다시 음성이 들립니다. "그것도 나였어." 사과장수 할머니와 꼬마도 보입니다. 그들이 사라지자 음성이 들립니다. "그들도 나였어."

마틴은 너무 기뻤습니다. 바로 주님이었습니다. 감사 기도를 드린 다음 후 성경을 읽으려고 하는데 마태복음25장35절과 40절 말씀이 눈에 들어 왔습니다.

> "내가 주릴 때에 너희가 먹을 것을 주었고 목마를 때에 마시게 하였고 나그네 되었을 때에 영접하였고 헐벗었을 때에 옷을 입혔고 병들었을 때에 돌보았고 옥에 갇혔을 때에 와서 보았느니라"(마25:35절)

> "너희가 여기 내 형제 중에 지극히 작은 자 하나에게 한 것이 곧 내게 한 것이니라"(마25: 40절)

우리의 섬김이 우리의 영향력으로 나타나기 위해서 우리는 우리를 만나는 어떤 사람이라도 주님을 섬기는 마음으로 섬겨야 합니다. 회사에서 청소하는 아주머니를 만날 때 상냥하게 인사를 해주십시오. 지하철에서 구걸하는 분을 볼 때 판단하지 마십시오. 그분을 향한 작은 섬김이 주님을 향한 섬김이 될 수 있습니다.

아내를, 직장 동료를, 교회의 가족들을 잘 섬기십시오. 우리가 이렇게 진심으로 섬길 때 우리는 주님을 섬기게 될 것이고 또한 그들에게 영향력을 나타내게 될 것입니다. 영향력을 만드는 섬김은 주님을 대하듯 섬기는 것입니다.

둘째, 아브라함의 섬김은 은사를 따르는 섬김입니다.

손님을 청한 아브라함의 섬김에 아주 중요한 원리가 하나 숨어 있습니다. 이 섬김을 아브라함 혼자 하지 않는다는 것입니다. 먼저 4절을 보면 그는 손님들을 시원한 나무 그늘에서 발을 씻고 쉴 수 있게 합니다.

> "물을 조금 가져오게 하사 당신들의 발을 씻으시고 나무 아래에서 쉬소서" (창18:4절)

그리고 6절을 보면 사라에게 떡을 만들게 합니다.

> "아브라함이 급히 장막으로 가서 사라에게 이르되 속히 고운 가루 세 스아를 가져다가 반죽하여 떡을 만들라 하고"(창18:6절)

또한 7절을 보면 달려가 기름진 송아지를 잡아 하인에게 주면서 요리를 하게 합니다.

> "아브라함이 또 가축 떼 있는 곳으로 달려가서 기름지고 좋은 송아지를 잡아 하인에게 주니 그가 급히 요리 한지라"(창18:7절)

이렇게 섬김이라는 것은 혼자 하는 것이 아닙니다. 함께 동역하며 하는 것입니다. 그러나 그 동역을 하는 중요한 원리가 있습니다. 은사를 따라 하라는 것입니다.

마태복음25장을 보면 달란트 비유가 있는데 종들에게 달란트를 나누어 줄 때 [그 재능대로] 나누어 주었다고 합니다. 은사대로 나누어 주었다는 것입니다. 하나님께 우리 각 사람에게 재능대로 즉 각각의 은사를 주셨다는 것입니다. 우리의 섬김은 이런 은사를 따라 섬겨야 합니다.

성경에 나타난 은사들

성경에 보면 크게 세 곳에서 은사에 대하여 설명을 합니다. 고린도전서 12장28절과 에베소서 4장11절에 언급된 은사를 우리는 사역적 직임이라 합니다. 그리고 고린도전서12장7-8절에 언급된 은사는 성령의 은사 혹은 성령의 나타남이라고 합니다.

그리고 로마서12장3-8절에도 일곱 가지 은사가 등장하는데 이 은사를 동기적 은사라고 합니다. 동기적 은사란 모든 그리스도인에게 주어진 보편적 은사라는 것입니다. 그 일곱 가지 은사가 예언, 섬김, 가르침, 위로, 구제, 다스림, 긍휼입니다. 그러니까 이것은 모든 그리스도인에게 보편적으로 주어진 은사라는 것입니다.

어떤 분은 이 은사에 대하여 재미있게 설명을 합니다. 예를 들어 각각의 은사를 가진 7명의 사람이 중국식당에 가서 식사를 기다리는데 음식을 나르던 웨이터가 그만 넘어지면서 접시를 깨뜨렸습니다. 이 때 각각의 은사에 따른 반응을 설명합니다.

먼저 예언의 은사를 가진 사람은 어떻게 할까요? "내가 그럴 줄 알았다. 내가 다 알고 있었어." 혹은 예언이란 하나님의 말씀으로 책망 하는 것을 말합니다. 무엇이 잘못인지 책망을 합니다. 예언의 은사가 있는 사람입니다.

두 번째, 섬김의 은사를 받은 사람은 어떻게 반응할까요? 어떻게 섬길지를 고민하겠죠. 일으켜 주고, 몸을 닦아 줍니다. 접시를 치워주기도 하겠죠? 섬김의 은사가 있는 분입니다.

세 번째, 가르침의 은사가 있는 사람은 웨이터를 불러 세웁니다. 그리고 공간이 좁아서 넘어졌으니까 빈 공간을 이용해서 넘어지지 않게 하라고 가르칠 것입니다.

네 번째, 위로의 은사를 가진 사람은 어떻게 할까요? 먼저 웨이터를 일으킬 것입니다. 그리고 말합니다. "이런 실수는 누구라도 할 수 있는 것입니다. 혹시 해고당해도 너무 걱정 마세요. 다시 좋은 일자리를 얻을 수 있을 것입니다."

다섯 번째, 구제의 은사를 가진 사람은 어떤 반응을 가질까요? "아이고! 걱정하지 마세요. 접시 값은 제가 변상할게요." 구체적인 도움을 통해 문제를 해결하도록 할 것입니다. 구제의 은사가 있는 분입니다.

여섯 번째, 다스림의 은사를 가진 사람은 "어서 일어나요. 자네는 뭐하나? 빨리 빗자루 가지고 와서 쓸고 다른 손님들을 안정시켜야지." 빠른 판단으로 혼란한 난국을 수습하기 위해 나설 것입니다.

마지막, 긍휼의 은사를 가진 사람은 어떻게 할까요? "저걸 어쩌지? 다치지 않았어요? 아프죠? 어머! 피가 나네." 하고는 함께 울어 줍니다.

자 여기서 생각해보세요. 접시를 깬 웨이터의 입장에서는 7명 중에 어떤 사람이 실재적 도움이 될까요? 하나만 골라 보세요. 긍휼? 구제? 위로? 아마도 각자가 생각하는 것이 다를 것입니다. 왜 이렇게 반응이 다를까요? 자기 은사대로 반응하기 때문입니다. 그런데 웨이터에겐 누가 도움이 될까요? 웨이터에게는 모든 사람의 도움이 필요한 것입니다.

그러나 중요한 것은 7가지를 다 가진 사람은 없습니다. 그래서 다양한 은사를 가진 사람들이 함께 섬기며 동역할 때 공동체가 건강해집니다. 그러나 서로 자기 것이 중요하다고 주장하면 갈등이 일어나는 것입니다.

서로의 다름을 인정하고 서로 수용해주고 서로 보완해주며 섬긴다면 너무나 아름다운 섬김이 되는 것입니다. 다르기 때문에 서로가 필요한 것입니다.

사실 부부가 만나는 것도 성격이 다른 사람이 많이 만납니다. 그래서 끌리는 것입니다. 없는 것을 가지고 있어서 좋아하고 만났는데 결혼하고는 다르다고 밤낮 싸웁니다. 다른 부분이 있어서 당신이 필요하다고 옆에 있는 것을 행복이라고 말할 수 있는 부부가 되어야 합니다.

당신에게는 어떤 은사가 있습니까? 우리가 각자의 은사대로 성실하게 섬기면 공동체가 건강하게 되어 질 뿐만 아니라 그 섬김이 계속 될수록 당신의 영향력이 확대 되어 집니다. 선한 영향력을 나타내는 사람이 되길 원하신다면 나의 은사를 가지고 성실하게 섬겨야 합니다.

|셋째, 아브라함의 섬김은 종으로 섬기는 섬김입니다.

아브라함의 섬김의 또 하나의 중요한 특징이 있다면 종의 자세로 섬기고 있다는 것입니다. 3절을 보면 아주 중요한 표현이 나옵니다. '내 주여' 아브라함은 그들을 '주'라고 부릅니다. 실재로 자신을 '종'이라고 표현합니다.

> "내 주여 내가 주께 은혜를 입었사오면 원하건대 종을 떠나 지나가지 마시옵고"(창18:3절)

섬기는 자에게 종의 자세는 매우 중요한 것입니다. 우리가 진지하게 섬기려 할 때 망설여지는 이유가 무엇입니까? 내가 겸손하게 섬기면 사람들이 나를 무시하고 이용하고 짓밟지 않을까 하는 두려움 때문입니다.

그래서 우리가 진정한 섬김을 하려고 한다면 종의 자세를 가져야 합니다. 종의 개념을 아십니까? 종에게는 자기 의지가 없습니다. 종은 자신의 인격을 존중 받을 수 없습니다. 자신이 무엇을 섬길지 결정하는 것이 아닙니다. 철저히 주인의 뜻을 따르는 것입니다.

우리가 종의 자세로 섬겨야 할 이유가 여기 있습니다. 종으로 섬기는 것은 자기 의지를 포기하는 것입니다. 자기 인격 존중을 포기하는 것입니다. 노예는 자신의 권리를 인정받아야 한다고 생각하지 않습니다.

참 어렵습니다. 그러나 성경은 우리에게 자원하는 종에 대하여 말씀하고 있습니다. 자기가 종이 되길 선택하라는 것입니다. 생각해보십시오. 내가 종이 되길 자원하고 선택해버리면 자기 인격이 무시될 것에 대한 두려움은 사라집니다. 이미 그것을 알고 선택했기 때문입니다. 이것을 바울은 사랑의 노예라고 하는 것입니다.

사랑의 노예가 되어 자원하는 마음으로 무시될 것을 알고 섬길 수만 있다면 우리는 정말 엄청난 영향력을 나타낼 수 있습니다. 생각해보십시오. 이 정도로 섬겨야 상대방을 감동시킬 수 있지 않겠습니까?

목회자 코너에 [여기 붙어주세요]란 제목으로 글을 썼습니다. 이런 내용입니다. 성도들이 새벽 2시에 응급실 갈 상황이 발생했을 때 -물론 그런 일이 발생하면 안 되지만- 만약 그런 일이 발생할 때 마음 놓고 전화 할 수 있는 목사가 되고 싶고 그런 목자가 많이 생겼으면 좋겠다는 내용이었습니다.

만약에 누군가 새벽 2시에 응급실을 가는데 누구도 도울 수 없는 상황에서 제가 그분을 도울 수 있었다고 생각해보십시오. 그러고 나면 아마 그분이 저를 마음 깊이 기억해 주실 것입니다.

섬기려면 확실하게 섬기십시오. 기억에 남게 섬기십시오. 과하게 섬기십시오. 그 섬김이 엄청난 영향력이 되는 것입니다. 물론 우리의 섬김이 하나님이 주신 기쁨을 가지고 순수하게 섬겨야 하지만 현상은 그렇다는 것입니다. 우리가 순수하게 종의 입장에서 섬기면 그것이 진정한 영향력이 되는 것입니다.

그래서 섬기려는 사람은 날마다 자기 자신을 십자가에 못 박아 죽여야 합니다. 주님이 십자가에 죽으셨기 때문에 영향력이 있는 것입니다. 주님이 십자가에서 죽지 않으시고 비겁하게, 아니면 자존심 상한다고 십자가에서 내려오셨다면 주님은 주님이 되시지 못하셨을 것입니다.

날마다 내 자신을 십자가에 못 박아 내 자아를, 내 자존심을, 내 인간적 욕망을 죽이는 사람만이 진정한 섬김의 사람이 되고 그런 섬김의 사람이 영향력 있는 비저너리가 되는 것입니다. 영향력 있는 비저너리가 되고 싶으시다면 종의 자세로 섬기십시오.

섬김의 리더십

마지막으로 그런 섬김에 리더십의 좋은 예를 하나 소개하겠습니다. 섬김의 리더십이란 말은 1977년 로버트 그린리프의 [서번트 리더십]에서 처음 사용 되었는데 당시는 그것이 주목받지 못하다가 1996년 [서번트 리더되기]로 출간 되면서 주목을 받게 됩니다.

이 책에 보면 로버트 그린리프가 섬기는 리더의 전형으로 헤르만 헤세의 [동방순례]에 등장하는 레오를 소개합니다. 이 레오라는 사람은 한 순례단에 그저 허드렛일을 하는 사람이었습니다. 일행들 사이에 식사 준비를 하고 심부름을 하거나 짐을 들기도 하고 밤이 되어 쉬어갈 때 악기를 연주하면서 사람들을 즐겁게 해주는 그저 그런 사람이었습니다.

그러나 그는 그의 일에 항상 성실하고 다른 사람에게 친절했습니다. 순례자들의 형편을 살피며 그들에게 필요한 것이 무엇인지 불편한 것은 없는지 배려합니다. 항상 어떻게 그들을 도울 수 있을지 세심하게 일행을 위해 헌신하고 봉사했습니다. 레오는 한 가지 특별한 은사가 있었는데 사람을 만날 때마다 "무엇을 도와드릴까요?" 하고 항상 웃으며 인사를 했다고 합니다.

그러다 어느 날 레오가 보이지 않습니다. 잠깐 없어진 것입니다. 이 사람의 존재가 직책이나 직함이 없었기 때문에 대수롭지 않게 생각하게 됩니다.

그러나 레오가 없어지고부터 순례단 안에 다툼이 일어나기 시작했습니다. 식사가 재미없고 여행에 의미를 잃어갑니다. 여행을 계속해야 할지 서로 고민하는 가운데 누군가가 레오가 없다는 것을 발견합니다. 그리고 순례단은 자신들의 여행이 이렇게 망가진 것은 레오가 없기 때문이라는 것을 깨닫게 됩니다.

로버트 그린리프는 섬기는 리더는 공동체의 지체들을 배려하고 봉사하며, 공동체의 목표를 함께 이루기 위해 연약한 자들을 세워주며 다른 사람들을 격려하고 또한 구성원의 성숙을 위해 구체적으로 섬기는 사람이라고 말합니다.

우리나라는 지위나 자리를 추구하는 경향이 있습니다. 그래서 사람을 소개할 때 이분은 장관을 했고 총리를 했다고 소개합니다. 우리는 큰 교회 목사면 존경할 분으로 여깁니다. 그래서 사람들은 어떤 자리를 차지하는 가에 관심을 가집니다. 지방 선거를 앞두고 많은 사람들이 출사표를 던지는 이유가 대부분 그런 이유 아닙니까?

그러나 중요한 것은 자리가 아닙니다. 그 자리에 올라서 오히려 나쁜 영향력을 행사하는 사람이 얼마나 많습니까? 중요한 것은 자리가 아니라 그가 어떤 선한 영향력을 나타내고 있느냐가 중요합니다.

서두에서 말씀 드렸듯이 좋은 리더는 어떤 자리에 있든지 선한 영향력을 나타냅니다. 내 욕심이 아니라 공동체를 건강하게 세우는 것에 관심이 있습니다. 그가 있으면 행복해집니다. 이렇게 진정한 리더는, 선한 영향력을 나타내는 사람은 자리에 연연해하지 않습니다. 그에게 자리는 더 잘 섬기기 위한 발판에 불과 합니다. 더 큰 선한 영향력을 나타내는 발판인 것입니다.

당신이 선한 영향력을 나타내는 비저너리가 되길 원하십니까? 누구를 만나도 주님처럼 섬겨보십시오. 나의 은사에 따라 철저히 종이 되어 섬기십시오. 이렇게 섬김을 선택할 때 우리는 선한 영향력을 나타내는 사람이 될 것입니다.

CHAPTER **09**

섬김 – 여행하는 이의 영향력

+ Abraham + + + + + + Abraham

어떻게 우리 인생을 통해 선한 영향력을 나타내며 살아 갈 수 있을까요? 바로 섬김의 자세로 살아야 합니다. 그 섬김을 통해 우리는 세상에 진정한 리더로 세워지게 될 것입니다. 영향력이 섬김에서 나온다면 비저너리의 섬김의 모습은 어떠해야 할까요?

첫째, 아브라함의 섬김은 주님을 섬기는 섬김입니다.

우리의 섬김이 우리의 영향력으로 나타나기 위해서 우리는 우리를 만나는 어떤 사람이라도 주님을 섬기는 마음으로 섬겨야 합니다. 회사에서 청소하는 아주머니를 만날 때 상냥하게 인사를 해주십시오. 지하철에서 구걸하는 분을 볼 때 판단하지 마십시오. 그분을 향한 작은 섬김이 주님을 향한 섬김이 될 수 있습니다. 영향력을 만드는 섬김은 주님을 대하듯 섬기는 것입니다.

둘째, 아브라함의 섬김은 은사를 따르는 섬김입니다.

다양한 은사를 가지신 분들이 함께 섬기며 동역할 때 공동체가 건강해집니다. 그러나 서로 자기 것이 중요하다고 주장하면 갈등이 일어나는 것입니다. 서로의 다름을 인정하고 서로 수용해주고 서로 보완해주며 섬긴다면 너무나 아름다운 섬김이 되는 것입니다. 다르기 때문에 서로가 필요한 것입니다. 각자의 은사대로 성실하게 섬기면 공동체가 건강하게 되어 질 뿐만 아니라 그 섬김이 계속 될수록 당신의 영향력이 확대 되어 집니다.

셋째, 아브라함의 섬김은 종으로 섬기는 섬김입니다.

섬기려는 사람은 날마다 자기 자신을 십자가에 못 박아 죽여야 합니다. 주님이 십자가에 죽으셨기 때문에 영향력이 있는 것입니다. 주님이 십자가에서 죽지 않으시고 비겁하게, 아니면 자존심 상한다고 십자가에서 내려오셨다면 주님은 주님이 되시지 못하셨을 것입니다.

날마다 내 자신을 십자가에 못 박아 내 자아를, 내 자존심을, 내 인간적 욕망을 죽이는 사람만이 진정한 섬김의 사람이 되고 그런 섬김의 사람이 영향력 있는 비저너리가 되는 것입니다. 영향력 있는 비저너리가 되고 싶으시다면 종의 자세로 섬기십시오.

생각해보기

1. 당신의 인생에 만나는 나그네(노숙인, 걸인 등)를 섬기며 경험한 기쁨이나 혹은 그러지 못한 경우 이유나 그때 가진 부담을 생각해 봅시다.

2. 당신의 은사는 무엇입니까? 그 은사를 통해 가정과 직장, 교회에서 섬길 수 있는 것이 무엇인지 생각해 봅시다.

3. 당신이 영향력 있는 리더가 되기 위해 필요한 훈련은 무엇이라 생각하는지 생각해 봅시다.

RART

3

여행을 마무리 하는 이에게

CHAPTER 10
선물

1 여호와께서 말씀하신 대로 사라를 돌보셨고 여호와께서 말씀하신 대로 사라에게 행하셨으므로 2 사라가 임신하고 하나님
이 말씀하신 시기가 되어 노년의 아브라함에게 아들을 낳으니 3 아브라함이 그에게 태어난 아들 곧 사라가 자기에게 낳은 아
들을 이름하여 이삭이라 하였고 4 그 아들 이삭이 난 지 팔 일 만에 그가 하나님이 명령하신 대로 할례를 행하였더라 5 아브
라함이 그의 아들 이삭이 그에게 태어날 때에 백 세라 6 사라가 이르되 하나님이 나를 웃게 하시니 듣는 자가 다 나와 함께
웃으리로다 7 또 이르되 사라가 자식들을 젖먹이겠다고 누가 아브라함에게 말하였으리요마는 아브라함의 노경에 내가 아들
을 낳았도다 하니라

창21:1-7절

선물 - 최고의 선물인 자녀

인터넷에서 찾은 부모와 자식을 잘 표현한 유머를 소개해 드리겠습니다. 군에 입대한 아들이 훈련소를 마치면서 부모님이 면회를 갔습니다. 부모님 앞에서 그동안 익힌 군사 훈련을 시범 보입니다.

면회 간 어머니가 아들이 행진하고 있는 모습을 보았습니다. 그런데 자기 아들만 발이 틀리는 것입니다. 그것을 보고 어머니가 하는 말이 "세상에, 발이 맞는 건 우리 아들뿐이야. 나머지는 맞는 놈이 하나도 없어." 이렇게 자식을 향한 부모의 사랑은 맹목적입니다.

부모로서 살아가는 우리들에게 가장 최고의 선물이 있다면 그것은 당연히 자식일 것입니다. 드디어 본문에서 아브라함은 그렇게 기다리던 아들이삭을 낳았습니다. 백세에 아들을 얻은 것입니다.

아브라함은 아들이삭을 어떻게 양육했는지 궁금하지 않습니까? 본문은 아브라함의 자녀양육에 대하여 조금 엿볼 수 있습니다. 특히 하나님의 선물인 자녀가 어떤 존재인지에 대해서 살펴보려고 합니다. 자녀가 어떤 존재인지를 안다는 것은 자녀 양육의 출발이기 때문입니다. 비전여행의 최고의 선물인 자녀- 그들은 누구입니까?

|첫째, 하나님의 계획에 따라 태어났습니다.

이삭은 하나님의 계획에 따라 태어났습니다. 본문 1-2절을 보면 이 말씀 가운데 중요한 단어가 반복 됩니다. 무슨 말입니까? [말씀하신 대로] 무슨 의미일까요? 하나님께서 아브라함에게 반복해서 아들을 주시겠다고 말씀 하셨는데 그 말씀하신 대로 아들을 주셨다는 것입니다.

> "여호와께서 말씀하신 대로 사라를 돌보셨고 여호와께서 말씀하신 대로 사라에게 행하셨으므로 사라가 임신하고 하나님이 말씀하신 시기가 되어 노년의 아브라함에게 아들을 낳으니"(창21:1-2절)

[말씀하신 대로] 주셨다는 것은 하나님께서 아브라함 가정에 이삭을 주실 계획을 세우셨다는 의미가 아니겠습니까? 하나님께서는 이삭을 이미 계획하고 계셨고 그래서 미리 말씀을 하셨으며 그 [말씀하신 대로] 이삭을 주셨다는 것입니다.

정리하면 이삭은 그냥 우연히 태어난 존재가 아니라 하나님의 계획 가운데 태어났다는 것입니다. 사실 이것은 이삭만이 아니라 우리 모든 인생이 그렇습니다. 우리 자녀들이 어쩌다 실수로 우연히 태어난 존재가 아니라 하나님의 계획 가운데 태어났다는 사실을 믿어야 합니다.

|우연인가? 필연인가?

세상이 어떻게 시작했는가를 설명하는 대표적인 이론이 두 가지라고 생각합니다. 하나는 진화론이고 하나는 창조론입니다. 이것을 가볍게 생각할 수 없는 것이 우리가 무엇을 믿고 사는가에 따라서 우리인생에 가치가 달라집니다.

진화론을 한 단어로 설명한다면 [우연]이라 할 수 있습니다. 우연히 갑작스런 변화가 생겨났고 상황에 따라 살다보니 진화하게 되었습니다. 우연이 기초입니다. 그러나 창조론을 한 단어로 설명한다면 [필연]이라고 할 수 있습니다. 하나님께서 심심해서 재미로 만든 것이 아닙니다. 목적이 있고 계획이 있다는 것입니다.

[우연]이라고 믿고 사는 것과 [필연]이라고 믿고 사는 것은 인생을 사는 자세가 달라지는 것입니다. [우연]이라 생각하는 사람은 한때의 불장난으로 우연히 아이가 생겨서 어쩔 수 없이 그 아이를 낳았습니다. 그러니 그 자녀가 평생에 짐입니다.

그러나 [필연]이라 믿는 사람은 즉 어쩌다 우연히 생겨난 것이 아니라 비록 나는 실수한 것 같지만 그 생명이 태어난 것은 하나님의 절대적인 계획이 있어서 태어난 존재라고 믿습니다. 그래서 그 자녀가 너무나 소중한 것입니다. 때론 힘들고 버겁기도 하지만 하나님이 그 아이를 통해 하셔야 할 분명한 계획이 있다는 것을 믿기 때문에 그 수고는 기쁨이고 감사한 것입니다.

사실 이 사실을 알게 되고 가장 복 받은 사람은 저인 것 같습니다. 어려운 형편에 어린 시절을 보내면서 아버님이 돌아가시고 어머니가 암으로 투병하실 때, 다른 친구들과 비교하며 때론 열등감에 시달릴 때도 있었습니다.

어느 날 그런 열등감 때문에 마음이 우울해 있는데 여름 수련회에서 목사님께서 하신 말씀이 제 인생을 바꾸어 놓았습니다. 비록 지금은 내 환경이 이렇지만 하나님께서 나를 너무나 사랑하시고 나를 향한 놀라운 계획을 가지고 계시다는 말씀이 제 마음을 사로잡았습니다. 지금에 환경이 부끄럽다는 생각이 사라졌습니다. 그러면서 건강한 자아를 형성해 갈 수 있었습니다.

저희 집사람이 큰 애를 임신한 기간 동안 4톤 트럭과 충돌을 하고, 또 차가 뒤집히는 교통사고가 두 번이나 있었습니다. 그런데 그런 큰 사고에도 불구하고 큰 애가 건강하게 태어났습니다. 저는 가끔 저희 큰 애에게 이 이야기를 합니다.

왜냐하면 배속에서 죽을 수도 있지만 이렇게 태어날 수 있었던 것은 그만큼 하나님께서 큰 애를 향하여 큰 계획을 가지고 있다고 저는 믿기 때문입니다. 그리고 큰 아이가 자신의 인생을 그렇게 가치 있는 인생으로 살아 갈 것을 기대하기 때문입니다.

그런 큰 사고가 없이 태어났어도, 아니 우리가 실수하여 자녀가 태어났어도, 그것은 하나님의 계획에 있는 것입니다. 사랑하는 자녀는 모두가 하나님의 그런 놀라운 계획 속에 태어난 존재입니다. 그 자녀를 향한 하나님의 놀라운 계획을 믿으십시오. 그리고 하나님의 놀라운 계획에 합당하게 자라갈 수 있도록 잘 도와줄 수 있는 부모가 되어야 합니다.

1973년 5월 31일은 우리나라 기독교 역사에 매우 중요한 날입니다. 전국에 그리스도인들이 여의도 광장에 모였습니다. 무려 50만 명이나 되는 성도들이 모여 세계적인 복음전도자인 빌리 그래함 목사님을 모시고 우리나라 최대의 집회를 했습니다.

집회를 마치고 내려온 빌리 그래함 목사님에게 한 기자가 이런 질문을 했습니다. "목사님은 인류의 종말에 대한 설교를 하시는데 그렇다면 목사님 자신의 미래에 대해서도 잘 알고 계십니까?"

그때 목사님은 이렇게 대답하셨습니다. "솔직히 나는 나의 미래가 어떻게 될지 잘 모릅니다. 그러나 분명한 것은 누가 나의 미래를 붙들고 있는지는 정확하게 알고 있습니다. 그분은 바로 하나님이십니다."

그렇습니다. 분명한 것은 하나님께서 우리 자녀들을 계획 가운데 우리를 통해 이 땅에 보내셨고 우리 자녀들의 미래를 붙들고 계시다는 것입니다. 중요한 것은 그분의 뜻대로 우리 자녀들이 만들어져 갈 수 있도록 우리가 그 자녀들을 하나님의 뜻대로 양육해 가야 합니다. 하나님의 계획 속에 있음을 믿으시기 바랍니다.

|둘째, 하나님의 말씀에 따라 양육할 자입니다.

두 번째, 최고의 선물인 자녀는 하나님의 말씀으로 양육해야 할 자라는 것입니다. 1-2절에 중요한 단어가 [말씀하신 대로]입니다. 말씀대로 즉 하나님의 계획 가운데 태어났고 하나님께서 우리 자녀들에 대하여 놀라운 계획을 가지고 계신 것입니다.

그렇다면 우리가 어떻게 그 자녀들을 양육해야 하나님의 계획대로 위대한 인생을 만들어 갈 수 있습니까? 아브라함을 통해 단서를 발견할 수 있습니다. 3-4절을 보면 중요한 단어가 있는데 바로 [명하신 대로]입니다. 무슨 말입니까? 아브라함은 아들이삭을 하나님의 명하신대로 양육했다는 것입니다.

먼저 이름을 짓는 것도 하나님의 말씀에 따라 지었습니다. 3절을 보면 아들을 낳고 이름을 이삭이라 했습니다.

"아브라함이 그에게 태어난 아들 곧 사라가 자기에게 낳은 아들을 이름하여 이삭이라 하였고"(창21:3절)

왜 이삭이라 했을까요? 본문 앞에 17장19절에 보면 하나님께서 이삭이라 짓도록 하셨던 것입니다. 이미 하나님이 명령하신 대로 이름을 지었던 것입니다.

"하나님이 이르시되 아니라 네 아내 사라가 네게 아들을 낳으리니 너는 그의 이름을 이삭이라 하라"(창17:19절)

또한 본문 4절을 보면 아브라함은 아들 -이삭에게 할례를 행합니다. 왜 할례를 행했을까요? 하나님의 명령이 있었기 때문입니다. 이 또한 본문 앞에 17장에서 할례를 받아야 한다고 이미 명령이 있었습니다. 아브라함은 모든 남자는 팔 일만에 할례를 받으라는 하나님의 말씀에 따라 이삭에게 팔 일만에 할례를 했습니다. 이렇게 아브라함은 하나님의 말씀대로 자녀를 양육합니다.

"그 아들이삭이 난 지 팔 일만에 그가 하나님이 명령하신 대로 할례를 행하였더라"(창21:4절)

"너희의 대대로 모든 남자는 집에서 난 자나 또는 너희 자손이 아니라 이방 사람에게서 돈으로 산자를 막론하고 난 지 팔 일만에 할례를 받을 것이라"(창17:12절)

목회자와 교회에 대해 좋은 인상을 갖게 해야 합니다.

자녀 교육법 하면 가장 주목 받는 것이 유대인의 교육법일 것입니다. 유대인 부모들은 자녀들을 항상 랍비에게 가까이 하게 합니다. 동네에 랍비가 지난다하면 반드시 아이들을 데리고 랍비에게 나아갑니다. 그리고 안수를 받게 합니다. 자녀들로 하여금 영적인 리더의 좋은 영향을 받게 하려는 것입니다.

누가복음18장에서 그런 모습을 볼 수 있습니다. 부모들이 자기 아이들을 예수님께 데리고 옵니다. 왜냐하면 예수님이 만져 주심을 바랐다고 합니다.

"사람들이 예수께서 만져 주심을 바라고 자기 어린 아기를 데리고 오매" (눅18:15절)

왜 자녀들에게 리더들을 존중하게 가르칠까요? 그래야 그를 통해 선포되어지는 말씀을 하나님의 말씀으로 받을 수 있기 때문입니다. 그럴 리는 없겠지만 절대로 자녀들 앞에서 영적 리더들에 대하여 부정적인 이야기를 하지 마십시오. 목회자들의 부정적인 이야기를 들으면 자녀들에게 부정적인 생각이 자리 잡게 됩니다. 그러면 자녀들이 목회자의 설교를 존중하는 마음으로 받아들이겠습니까? 자녀들을 위해서 좋지 않습니다.

교회에 대해서도 마찬 가지입니다. 혹시 교회생활중에 마음에 안 드는 것이 있어도 절대로 자녀들 앞에서 이야기 하지 마십시오. 부모로 인해 부정적인 영향이 자리 잡게 되어 교회를 떠날 수 있습니다. 자녀들이 영적인 리더나 교회에 대하여 좋은 인상을 갖게 해야 합니다.

철저히 말씀으로 교육해야 합니다.

뿐만 아니라 유대인들은 철저히 말씀으로 교육합니다. 유대인 교육에서 우선적으로 강조하는 것이 [쉐마 이스라엘- 들으라 이스라엘아!]로 시작하는 신명기6장4-9절의 말씀입니다. 자녀을 항상 그 말씀으로 가르치는 것입니다.

> "오늘 내가 네게 명하는 이 말씀을 너는 마음에 새기고 네 자녀에게 부지런히 가르치며 집에 앉았을 때에든지 길을 갈 때에든지 누워 있을 때에든지 일어날 때에든지 이 말씀을 강론할 것이며 너는 또 그것을 네 손목에 매어 기호를 삼으며 네 미간에 붙여 표로 삼고 또 네 집 문설주와 바깥문에 기록할지니라"(신6:4-9절)

유대인들은 기도할 때 세 가지를 몸에 지니고 합니다. 키파, 테필린, 탈릿이라고 하는데 제가 이스라엘에 갔을 때 통곡에 벽에서 기도하는 이스라엘 사람들이 이 세 가지를 몸에 지니고 있는 것을 볼 수 있었습니다.

키파는 하나님께 머리를 보이지 않기 위해 쓰는 모자로 하나님께 대한 경외심의 표현인 것입니다. 이스라엘에 가서 통곡의 벽에 들어가려면 누구를 불문하고 꼭 이 키파를 써야 합니다. 그래서 종이로 된 키파가 준비되어 있습니다.

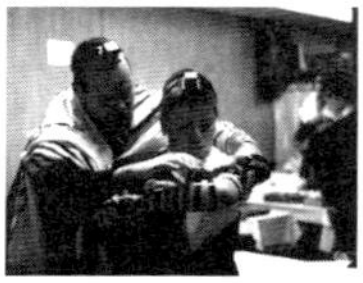

두 번째 테필린은 신명기 말씀에 손목과 미간에 말씀을 붙이라는 것에 순종해서 이마와 손목에 말씀을 기록한 종이를 넣은 작은 상자를 가죽 끈으로 부착 한 것을 말합니다.

세 번째는 탈릿이라고 하는데 하나님의 말씀을 지켜야 한다는 것을 잊지 않기 위해 유대인들이 쓰는 기도 수건을 말합니다. 이 기도 수건을 두름으로 타인과 구별시키고 오직 기도에만 집중한다는 의미가 있는 것입니다.

왜 이렇게 할까요? 유대인들은 항상 모든 삶 가운데 하나님을 잊지 않고 하나님의 말씀을 가장 최고의 것으로 여기며 그 말씀대로 사는 것이 몸에 배도록 하는 것입니다. 하나님과 말씀은 유대인의 삶에 일부가 아니라 그들의 전부입니다. 그래서 유대인들은 이렇게 철저하게 자녀들을 교육합니다.

우리도 이렇게 철저히 하나님의 말씀으로 교육한다면 우리 자녀들이 세상에 죄악이나 유혹으로부터 넉넉히 이기고 오히려 세상에 영향력을 나타내는 사람으로 자라가게 될 것입니다.

구세군의 어머니라고 일컬어지는 캐서린 부스는 8명의 자녀를 두었습니다. 구세군을 창설한 남편에게 가려져 있지만 8명의 자녀들이 어머니 캐서린 부스의 교육으로 모두가 훌륭하게 자랐습니다.

많은 사람들이 캐서린 여사에게 어떻게 그렇게 자녀를 훌륭하게 키웠느냐고 물을 때마다 그녀는 항상 이렇게 대답했다고 합니다. "제가 한 것이라고는 언제나 악마보다 앞서도록 한 것입니다. 나쁜 습관을 배우기 전에 좋은 습관을 먼저 가르치고, 악마가 나쁜 생각을 가르치기 전에 먼저 좋은 생각을 가르치고, 악마가 나쁜 지혜를 가르치기 전에 먼저 하나님의 지혜를 가르치고, 악마가 사단의 거짓과 위선과 악을 가르치기 전에 먼저 하나님의 말씀을 가르쳤기 때문입니다." 어린 자녀에게 사탄이 영향을 미치기 전에 하나님의 말씀과 하나님의 능력을 먼저 배우게 했다는 것입니다.

그렇습니다. 하나님께서는 우리 자녀들을 하나님의 계획 가운데 우리에게 주셨습니다. 그리고 하나님은 그 자녀들을 향하여 위대한 계획을 가지고 계십니다. 어떻게 그 계획을 이룰 수 있습니까? 어려서부터 철저히 하나님의 말씀으로 양육해야 합니다. 자녀들이 말씀을 지키도록 가르치십시오. 그러면 자녀들이 자라면서 그 말씀이 우리 자녀들을 지키게 될 것입니다.

셋째, 하나님이 부모를 향해 주신 선물입니다.

비전여행의 최고선물인 자녀는 세 번째 하나님이 주신 선물이라는 것입니다. 7절을 보면 사라가 자식에게 젖을 먹일 것이라고 누가 감히 말 할 수 있었겠냐고 합니다.

> "또 이르되 사라가 자식들을 젖먹이겠다고 누가 아브라함에게 말하였으리요마는 아브라함의 노경에 내가 아들을 낳았도다 하니라"(창21:7절)

왜요? 본문 앞에 18장11절을 보면 이 때 사라는 이미 생리가 끊어졌고 더 이상 임신할 수 없는 몸이기 때문입니다. 그러니 누가 감히 사라가 자식에게 젖을 먹일 수 있다 하겠습니까?

> "아브라함과 사라는 나이가 많아 늙었고 사라에게는 여성의 생리가 끊어졌는지라"(창18:11절)

그러나 사라는 이삭을 낳았습니다. 어떻게요? 계속해서 창18장14절을 보면 임신이 불가능한 사라였지만 전능하신 하나님께서 사라에게 이삭을 주시겠다는 것입니다.

> "여호와께 능하지 못한 일이 있겠느냐 기한이 이를 때에 내가 네게로 돌아오리니 사라에게 아들이 있으리라"(창18:14절)

그리고 본문 6절을 보세요. 하나님께서 이삭을 주셔서 사라가 기뻐합니다. 뿐만 아니라 이 소식을 듣는 자가 다 함께 기뻐할 것이라고 합니다. 이삭은 아브라함과 사라를 기쁘게 하기 위한 하나님의 선물인 것입니다.

> "사라가 이르되 하나님이 나를 웃게 하시니 듣는 자가 다 나와 함께 웃으리로다"(창21:6절)

자녀가 하나님께서 주신 선물이라는 것을 부정할 분은 없을 것입니다. 여기서 선물이란 의미를 우리가 잘 알아야 합니다. 선물은 누군가에게 받는 것이고 그것으로 인해 행복합니다. 보통 선물은 우리가 받아서 우리 소유가 됩니다. 그러나 자녀가 선물이란 의미는 그런 의미가 아닙니다. 하나님이 우리에게 기쁨을 위해 주시기는 했지만 우리 소유가 아닙니다.

많은 부모들이 자녀를 자기 소유처럼 생각합니다. 시간이 지나면서 자녀가 선물의 기쁨을 주기보다는 고민거리가 되고 짐이 되어 가는 이유가 무엇입니까? 자기 소유로 생각하고 있기 때문입니다. 그래서 자녀에게 힘이 없으니까 마음대로 자녀를 휘두르려고 합니다.

감정을 누르지 못하고 체벌을 합니다. 부모의 힘이 강하다고 말로서 폭력을 휘두릅니다. 시간이 지나면서 너무나 아름다운 선물인 자녀들이 망가지기 시작합니다. 어느새 기쁨의 선물이 아닌 고민거리가 됩니다.

왜 그럴까요? 자식은 부모의 뒷모습을 보고 자란다고 합니다. 우리의 말이 아닌 우리의 삶을 보고 자란다는 의미일 것입니다. 그 말은 우리 부모가 어떻게 하느냐에 따라서 자녀가 하나님의 선물이 되어 위대한 인생으로 자라가기도 하고 우리 인생에 무거운 짐이 되어 슬픔의 근원이 되기도 한다는 의미일 것입니다.

우리는 '우리 자녀들을 어떻게 기를 것인가?'를 고민합니다. 그러나 그 질문보다 더 앞서야 할 질문이 있습니다. '하나님의 선물인 자녀에게 나는 어떤 부모가 되어야 할 것인가?' 하는 질문입니다. 당신은 어떤 부모입니까?

한 때 많은 사람들에게 많은 눈물을 흘리게 만든 [가시고기]를 읽어보신 분이 많을 것입니다. 안산동산교회 집사인 저자 조창인씨는 주인공 아버지의 죽음은 예수님의 십자가의 죽음이며 그 죽음은 곧 예수님께서 보여주신 절대적 사랑이라며 이 책을 통해 하나님 아버지의 사랑을 말하고 싶었다고 합니다.

가시고기는 특이한 고기입니다. 암컷이 알을 낳고 떠나 버리면 아비가시고기는 생명을 걸고 알을 지키며 부화시킵니다. 그래서 알에서 새끼가 깨어나면 결국 지친 아비가시고기가 죽고 사냥이 서투른 새끼들의 먹이가 된다고 합니다.

이러한 가시고기의 모습을 통해 아버지의 사랑을 작가는 묘사

합니다. 10살짜리 다움이에게 죽음과도 같은 백혈병이 찾아옵니다. 부잣집 딸로 자란 엄마는 자기 밖에 모르고 아들을 두고 떠나버립니다.

암과 사투를 벌이며 힘겹게 싸우는 다움이를 지키는 아버지는 아들을 위해 여행도 가고 즐겁게 해주지만 아들은 10번이나 병원에 입원하며 점점 병세가 악화 됩니다. 아들의 병원비를 만들기 위해 아버지는 장기를 팔려고 검사를 했지만 간암으로 오래 살 수 없다는 진단을 받게 됩니다. 장기를 팔 수 없게 된 아버지는 결국 각막을 팔아 한쪽 눈을 실명합니다.

그런 상황에서 다행히 일본의 한 젊은이가 골수를 기증해줌으로 다움이는 수술에 성공하여 건강을 회복하게 됩니다. 그러나 아버지는 간암으로 점점 죽어 갑니다. 복수가 차고 황달이 생기며 점점 악화되자 아들을 볼 수 없어 아들 다움이를 엄마에게 보내고 혼자서 외롭게 죽는다는 이야기입니다.

세월호 사건을 통해 어른들이 미안하다는 말을 참 많이 합니다. 우리도 한번 생각해보아야 하겠습니다. 단순히 어른으로서가 아니라 내 자식들에게 당신은 어떤 부모입니까?

참고영상 http://blog.daum.net/chanelj/18221030

CHAPTER 10

선물 - 최고의 선물인 자녀

+ Abraham + + + + + + Abraham

아브라함은 아들이삭을 어떻게 양육했는지 궁금하지 않습니까? 본문은 아브라함의 자녀양육에 대하여 조금 엿볼 수 있습니다. 특히 하나님의 선물인 자녀가 어떤 존재인지에 대해서 살펴보려고 합니다. 자녀가 어떤 존재인지를 안다는 것은 자녀양육의 출발이기 때문입니다. 비전여행의 최고의 선물인 자녀- 그들은 누구입니까?

첫째, 하나님의 계획에 따라 태어났습니다.

분명한 것은 하나님께서 우리 자녀들을 계획 가운데 우리를 통해 이 땅에 보내셨고 우리 자녀들의 미래를 붙들고 계시다는 것입니다. 중요한 것은 그분의 뜻대로 우리 자녀들이 만들어져 갈 수 있도록 우리가 그 자녀들을 하나님의 뜻대로 양육해 가야 합니다. 그 하나님에 계획 속에 있음을 믿으시기 바랍니다.

둘째, 하나님의 말씀에 따라 양육할 자입니다.

하나님께서는 우리 자녀들을 하나님의 계획 가운데 우리 가운데 주셨습니다. 그리고 하나님은 그 자녀들을 향하여 위대한 계획을 가지고 계십니다. 어떻게 그 계획을 이룰 수 있습니까? 어려서부터 철저히 하나님의 말씀으로 양육해야 합니다. 자녀들이 말씀을 지키도록 가르치십시오. 그러면 자녀들이 자라면서 그 말씀이 우리 자녀들을 지키게 될 것입니다.

셋째, 하나님이 부모를 향해 주신 선물입니다.

자녀가 하나님께서 주신 선물이라는 것을 부정할 분은 없을 것입니다. 여기서 선물이란 의미를 우리가 잘 알아야 합니다. 선물은 누군가에게 받는 것이고 그것으로 인해 행복합니다. 자녀가 선물이란 그런 의미입니다. 하나님이 주셔서 우릴 기쁘게 해주시려는 선물입니다. 보통 선물은 우리가 받아서 우리 소유가 됩니다. 그러나 자녀가 선물이란 의미는 그런 의미가 아닙니다. 하나님이 우리에게 기쁨을 위해 주시기는 했지만 우리 소유가 아닙니다.

생각해보기

1. 자녀가 하나님의 계획 가운데 태어난 사실을 믿고 흔들림 없이 양육해야 하는데 그렇지 못할 때는 언제이고 또 왜 그러는지 생각해 봅시다.

2. 당신의 자녀 양육은 하나님의 말씀을 따르고 있습니까? 아니면 세상의 방법을 따르고 있습니까? 생각해 봅시다.

3. 하나님의 선물인 자녀에게 당신은 어떤 부모인지 생각해 봅시다.

CHAPTER

11

시험

1 그 일 후에 하나님이 아브라함을 시험하시려고 그를 부르시되 아브라함아 하시니 그가 이르되 내가 여기 있나이다 2 여호
와께서 이르시되 네 아들 네 사랑하는 독자 이삭을 데리고 모리아 땅으로 가서 내가 네게 일러 준 한 산 거기서 그를 번제로
드리라 3 아브라함이 아침에 일찍이 일어나 나귀에 안장을 지우고 두 종과 그의 아들 이삭을 데리고 번제에 쓸 나무를 쪼개
어 가지고 떠나 하나님이 자기에게 일러 주신 곳으로 가더니 4 제삼일에 아브라함이 눈을 들어 그 곳을 멀리 바라본지라 5
이에 아브라함이 종들에게 이르되 너희는 나귀와 함께 여기서 기다리라 내가 아이와 함께 저기 가서 예배하고 우리가 너희에
게로 돌아오리라 하고 6 아브라함이 이에 번제 나무를 가져다가 그의 아들 이삭에게 지우고 자기는 불과 칼을 손에 들고 두
사람이 동행하더니 7 이삭이 그 아버지 아브라함에게 말하여 이르되 내 아버지여 하니 그가 이르되 내 아들아 내가 여기 있
노라 이삭이 이르되 불과 나무는 있거니와 번제할 어린 양은 어디 있나이까 8 아브라함이 이르되 내 아들아 번제할 어린 양
은 하나님이 자기를 위하여 친히 준비하시리라 하고 두 사람이 함께 나아가서 9 하나님이 그에게 일러 주신 곳에 이른지라
이에 아브라함이 그 곳에 제단을 쌓고 나무를 벌여 놓고 그의 아들 이삭을 결박하여 제단 나무 위에 놓고 10 손을 내밀어 칼
을 잡고 그 아들을 잡으려 하니 11 여호와의 사자가 하늘에서부터 그를 불러 이르시되 아브라함아 아브라함아 하시는지라
아브라함이 이르되 내가 여기 있나이다 하매 12 사자가 이르시되 그 아이에게 네 손을 대지 말라 그에게 아무 일도 하지 말
라 네가 네 아들 네 독자까지도 내게 아끼지 아니하였으니 내가 이제야 네가 하나님을 경외하는 줄을 아노라

창22:1–12절

시험 - 마지막 관문

예수를 믿고 그리스도인으로 살아 갈 때 힘든 것 중에 하나가 시험일 것입니다. 이 시험이 없으면 좋겠는데 시험이 꼭 있습니다. 그래서 시험에 대한 바른 이해를 가지고 있어야 신앙이 바르게 성장할 수 있습니다.

많은 사람들이 예수만 믿으면 모든 일이 잘되고 만사형통하리라고 생각하지만 그것은 잘못된 생각입니다. 야고보는 그의 서신을 시작하면서 시험에 대하여 다루는데 [여러 가지 시험을 만나거든] 하고 시작합니다. 우리 그리스도인의 삶에 다양한 시험이 있다는 것입니다.

"내 형제들아 너희가 여러 가지 시험을 만나거든 온전히 기쁘게 여기라" (약1:2절)

때론 돈으로 인해 시험 당할 수 있습니다. 때론 이성으로 인해 시험을 당할 수 있습니다. 때론 자존심으로 인해 시험을 당할 수 있습니다. 때론 질병으로 인해 시험을 당할 수 있습니다. 이렇게 다양한 시험이 우리 삶에 도사리고 있습니다.

그렇다면 그 시험이 어디서 옵니까? 성경을 보면 시험이 오는 경로를 세 가지로 요약할 수 있습니다. 첫째는 사탄으로부터 오는 시험입니다. 예수님과 욥이 당한 경우인데 성도를 죄에 빠지게 하려는 것입니다.

둘째는 죄인 된 인간의 내면에 욕심 때문에 생기는 시험이 있습니다. 욕심이 잉태하여 죄를 낳는다고 했습니다. 셋째, 하나님께서 주시는 시험이 있습니다. 이것은 성도들의 믿음과 인격을 단련하고 성숙시키려는 테스트입니다.

본문은 이런 시험에 대하여-특별히 하나님께서 주시는 시험에 대하여 다루고 있습니다. 본문은 하나님께서 아브라함을 시험하시려고 부르셨다는 말로 시작합니다.

"그 일 후에 하나님이 아브라함을 시험하시려고 그를 부르시되"(창22:1절)

하나님께서 아브라함에게 주신 시험은 무엇입니까? 2절을 보면 백세에 얻은 아들, 하나님이 약속으로 얻은 아들을 불에 태워 제물로 드리라는 것입니다.

"여호와께서 이르시되 네 아들 네 사랑하는 독자 이삭을 데리고 모리아 땅으로 가서 내가 네게 일러 준 한 산 거기서 그를 번제로 드리라"(창 22:2절)

좀 전에 말씀드렸듯이 하나님께서 주시는 시험은 우리를 테스트 하시는 것입니다. 우리가 그 테스트를 잘 통과한다면 하나님의 축복이 있습니다. 아브라함이 그랬습니다. 아브라함은 그 시험을 잘 통과하여 하나님의 축복을 받게 됩니다.

아브라함에 생애 가운데 하나님께서 몇 번의 동일한 축복을 약속하셨는데 이 사건 이후엔 더 이상 이 말씀을 하시지 않습니다. 왜 그럴까요? 아브라함이 시험을 통과했기 때문에 이제는 복 받을 준비가 되었다는 것입니다. 그래서 약속된 축복을 실행하시겠다는 것입니다.

아브라함이 어떻게 그 엄청난 시험을 통과 할 수 있었을까요? 아브라함이 어떻게 엄청난 시험을 극복하고 하나님의 축복을 받을 수 있었는지 함께 살펴보려 합니다. 비전여행에 마지막 관문이라 할 수 있는 시험을 어떻게 극복할 수 있을까요?

|첫째, 영적으로 깨어 있어야 합니다.

하나님은 예상치 못하게 우릴 시험하십니다. 특별히 이렇게 풍요롭고 평안하다 할 때 시험하십니다. 왜 그렇습니까? 믿음을 확인할 수 있는 가장 적절한 때이기 때문입니다. 하나님께 중요한 것은 믿음이고 신앙입니다. 그런데 당신의 자녀들이 믿음과 신앙이 좋아지라고 준 선물로 인해 신앙이 나태해진다면 하나님은 믿음을 키우기 위해 선물을 흔들어 보시는 것입니다.

아브라함이 그랬습니다. 1절을 보면 [이 일 후에]로 시작합니다. 원문에는 복수로 되어 있습니다. [이런 일들 후에]라는 것입니다. 아브라함이 갈대 우르를 떠나 하나님의 백성으로의 삶을 시작하고 만난 여러 가지 사건들을 말하는 것입니다.

약속을 붙잡고 고향을 떠나 낯선 땅에 와서 수많은 사건을 겪으면서 때론 실패하고 때론 성공하면서 하나님의 사람으로 성숙해 갔습니다. 많은 부를 얻었습니다. 큰 전쟁에 승리하며 명예와 권세도 얻었습니다.

그리고 21장에 보면 그렇게 기다리던 아들, 이삭을 백세에 얻었습니다. 그리고 브엘세바에서 우물을 얻음으로 아브라함의 삶은 최고의 절정을 이루게 됩니다. 아들이삭이 건강하게 아브라함에게 기쁨을 주며 자라고 있습니다.

그리고 [이 일 후에] 라는 것입니다. 더도 말고 덜도 말고 이대로만 살았으면 좋겠다고 생각했을 것입니다. 그런데 [이 일 후에] 갑자기 이 모든 평화를 깨뜨릴 것 같은 소식이 들려옵니다. 그 소중한 아들이삭을 번제물로 바치라는 것입니다. 아브라함이 예상이나 했겠습니까? 이렇게 평안한데 이렇게 안정되었는데........

그러나 아브라함은 누구라도 넘어질 법한 상황에서 실패하지 않고 그 시험을 잘 극복하고 마침내 믿음의 조상이란 위대한 하나님의 사람으로 인정을 받게 됩니다. 어떻게 풍요 속에 있으면서도 그 시험을 이길 수 있었을까요?

우리는 1절에서 단서를 발견할 수 있습니다. 1절을 보면 하나님께서 아브라함을 시험하기 위해 아브라함을 부르는데 아브라함은 하나님의 부르심 앞에 즉각적으로 대답하고 있는 것을 볼 수 있습니다.

> "그 일 후에 하나님이 아브라함을 시험하시려고 그를 부르시되 아브라함아 하시니 그가 이르되 내가 여기 있나이다"(창22:1절)

풍요와 안정으로 나태하고 게을러 질 수 있었지만 아브라함은 늘 영적으로 깨어 주님과 깊은 교제를 나누고 있었습니다. 영적인 긴장을 늦추지 않았습니다. 그래서 주님의 부르심 앞에 "내가 여기 있나이다."하고 답할 수 있었고 그런 영적 긴장이 힘든 시험을 만났지만 능히 이길 수 있게 한 것입니다.

평안할 때 영적으로 깨어 있어야 합니다.

풍요와 안정으로 평안한 삶 속에 하나님은 당신을 시험하실 것입니다. 그 시험을 이기는 비결은 평안할 때 영적으로 깨어 있는 것입니다. 평안할 때 기도해야 합니다. 평안할 때 금식하는 것입니다. 평안할 때 말씀을 더 가까이 해야 합니다. 평안할 때 주님과 더 깊은 교제를 나누어야 합니다.

지난 연말에 저는 참 많은 고민을 했습니다. 문득 대학생 시절에 목사님께서 저를 목사로 훈련시키시면서 해주신 말씀이 생각이 났습니다. 목사들이 보통 3년이나 5년이 되면 목회에 안정을 누리며 매너리즘에 빠지기도 하고 한계를 경험하게 된다는 것입니다.

그래서 목사들이 변화를 시도하는데 어떤 목사는 교회를 옮겨간다고 합니다. 그래서 새로운 분위기에서 새롭게 시작한다는 것입니다. 그런데 이렇게 옮겨가는 사람들은 대부분 또 3년이 되면 동일한 고비에서 다시 옮겨 가더라는 것입니다.

어떤 목사는 그냥 안주한다고 합니다. 3년이 되니까 뭐라 하는 성도도 없고 그냥 이대로 지내면 편안하게 그저 그렇게 지낼 수 있다는 것입니다. 하지만 하나님에 나라를 위해 더 큰 사역을 할 수 없다는 것입니다.

그러나 한 유형에 목사는 환골탈퇴(換骨脫退)를 한다고 합니다.

그 자리에 머물지도 않고 그 자리를 회피하지도 않고 그 자리에서 하나님의 도움을 구하면서 자신의 그릇을 키워간다는 것입니다. 이런 환골탈퇴를 하는 목사는 새로운 도약을 하더라는 것입니다.

왜 이 생각이 났을까요? 이제 담임목사로 3년을 사역하면서 교회는 매우 안정적이 되었습니다. 하지만 제게 한 가지 고민이 있었습니다. 하나님께서 우리 교회에 주신 비전을 위해서는 교회가 좀 더 성장해야 하는데 6개월 넘게 출석성도가 3백 명에서 정체가 되었습니다.

목회는 편안했고 성도들도 행복하게 신앙생활하고 그냥 이대로 지낸다면 스트레스 없이 여유 있게 살 수 있을 것입니다. 그러나 하나님께서 우리교회에 주신 한국교회를 섬길 사명을 생각하면 이런 편안함에 안주 할 수 없었습니다.

이런 편안함이 위기라는 생각이 들었습니다. 그래서 저는 도전하기로 결정했습니다. 그래서 몇 가지 도전을 시도했습니다. 그 중에 하나가 예배분할이었습니다. 처음 예배를 분할할 때 많은 성도들이 스트레스를 받았습니다. 조금 시간이 지나니까 불평하는 소리도 들렸습니다. 편안하게 교회 생활을 하고 있는데 그것이 흔들렸기 때문일 것입니다.

사실 이제야 고백하지만 그때 저도 참 많은 스트레스를 받았습니다. 평안하고 행복한 교회가 예배 분할로 인해 교제권이 깨지지는 않을까? 그래서 혹시 교회가 어려워지는 것은 아닐까? 그러나 반대로 믿음으로 기도하고 바라볼 때는 제 마음에 기대가 되었습니다.

무엇보다도 말없이 자기 자리에서 주를 위해 성실하게 섬기는 성도들이 저에게 큰 힘이 되었습니다. 어떤 분들은 지금까지도 예배를 두 번 드리는 분이 있습니다. 어떤 분들은 예배를 드리고 다른 부서에서 봉사를 하는 분들도 있습니다.

그리고 이제 4월 마지막 주가 되었습니다. 3월 중순부터 각 예배들이 자리를 잡아 갔습니다. 아직은 속단하기 어렵지만 지난 주일예배 인원이 347명이었습니다. 물론 숫자가 많아지는 것만을 말하려는 것이 아닙니다. 무엇보다 중요한 것은 우리교회의 건강함입니다.

저는 우리교회가 잘 깨어 있었다고 생각합니다. 특히 장로님들과 목자님들이 깨어 있었기 때문에 그 시험을 잘 통과했다고 생각합니다. 영적으로 깨어 있어야 하나님이 우릴 성숙시키고 복주시기 위해 허락한 시험, 테스트를 분별할 수 있습니다. 그리고 그 테스트를 통과하며 자라가는 것입니다.

비전 여행 가운데 하나님은 우리를 시험하십니다. 테스트를 하십니다. 우리가 성숙할수록 하나님은 더 큰 테스트를 할 것입니다. 우리가 그때마다 그 시험을 통과하기 위해선 영적으로 날마다 깨어 있어야 하는 것입니다.

오늘 우리의 삶을 한번 보십시오. 당신에게 금식하며 부르짖어야 할 삶에 어려움이 있습니까? 어쩌면 이제 우린 먹고 살만합니다. 그렇게 간절한 마음이 없습니다. 이제는 하나님을 의지하지 않아도 잘 살 것 같습니다.

그러나 더 이상 하나님의 음성은 들리지 않습니다. 영적으로 둔해졌는데도 그것이 문제로 여겨지지 않습니다. 바로 지금이 영적으로 깨어 있어야 할 때입니다. 지금이 기도할 때입니다.

둘째, 철저하게 순종 해야만 합니다.

두 번째로 아들을 바치라는 이해할 수 없는 하나님의 명령을 아브라함은 철저하게 순종했습니다. 아브라함이 순종하는 모습은 특징이 있습니다. 3절을 보면 아침 일찍 일어났습니다. [즉시 순종]했다는 것입니다. 그리고 나귀와 번제에 쓸 나무를 준비합니다. 아브라함은 [철저히 순종]합니다. 그리고 마침내 10절을 보면 아들 이삭을 하나님께 바치며 [끝까지 순종] 합니다.

> "아브라함이 아침에 일찍이 일어나 나귀에 안장을 지우고 두 종과 그의 아들 이삭을 데리고 번제에 쓸 나무를 쪼개어 가지고"(창22:3절)
> "손을 내밀어 칼을 잡고 그 아들을 잡으려 하니"(창22:10절)

아브라함은 즉시 순종했습니다. 철저히 순종했습니다. 끝까지 순종했습니다. 이런 순종을 한다는 것은 쉬운 일이 아닙니다. 그러나 쉬운 일이 아니기 때문에 축복이 있는 것입니다. 그럴 때 하나님께서 감동하시지 않겠습니까?

어려운 일이지만 그것을 순종할 때 그 믿음이 하나님께 인정받을 수 있는 것입니다. 그리고 그때 우리의 신앙이 성숙해 가는 것입니다. 우리는 너무나 안전한 일들만을 하려고 합니다. 믿음은 도전하며 자라는 것입니다. 할 수 없을 때 도전해야 하나님의 도우심을 체험하며 자라가는 것입니다.

하나님은 흐르는 요단강물에 발을 내딛고 건너가라고 하셨습니다. 도저히 이해할 수 없습니다. 순종할 수 없습니다. 그러나 순종하여 발을 내딛어야만 마른 요단강을 건널 수 있게 하는 것입니다.

순종할 때 체험을 합니다. 순종할 때 하나님의 일하심을 보게 됩니다. 왜 그렇겠습니까? 하나님께서 주시는 시험은 우릴 넘어뜨리려는 것이 아닙니다. 우릴 망하게 하려는 것이 아닙니다. 우릴 너무나 사랑하시는 하나님께서 우릴 축복하시기 위해 주시는 테스트입니다. 그렇기 때문에 순종하는 길 밖에 없습니다. 순종해보십시오. 체험할 것입니다. 하나님의 은혜를 경험하게 될 것입니다.

토마스 왓슨은 이렇게 말했습니다. "하나님께 순종하는 것은 우리의 의무라기보다는 우리의 특권입니다. 하나님은 우리에게 유익이 되는 것만을 명령하시기 때문입니다." 지금 당신에게 하나님께서 요구하시는 것이 무엇입니까? 갈등하지 말고 순종해보십시오. 우리를 사랑하셔서 축복하기 위해 우리에게 주신 특권입니다. 그 속에 하나님의 약속된 축복이 있습니다.

|셋째, 믿음으로 신뢰 해야만 합니다.

사실 우리가 순종을 한다는 것이 쉬운 일은 아닙니다. 아들을 태워서 제물로 바치라는 말씀 앞에 순종한다는 것이 쉬운 일입니까? 아니 우리가 만나는 모든 일에서 하나님이 요구하시는 것 가운데 순종하기 쉬운 일은 하나도 없을 것입니다. 그런데 어떻게 아브라함이 순종할 수 있었을까요?

말씀에 그 단서가 있습니다. 삼일을 걸었습니다. 마침내 저 멀리 모리아 산이 보입니다. 이제는 두 종과 나귀를 남겨두고 아들이삭과 단둘이 가야 했습니다. 그런데 멀리 모리아 산을 바라본 아브라함은 종들에게 5절 말씀을 보면 이렇게 말합니다. "내가 아이와 함께 저기 가서 예배하고 우리가 너희에게로 돌아오리라." 지금 아들을 번제로 드리러 가는 중입니다. 아들을 드리고 나면 혼자 와야 하지 않습니까? 그런데 아브라함은 "우리가"라고 합니다.

> "이에 아브라함이 종들에게 이르되 너희는 나귀와 함께 여기서 기다리라 내가 아이와 함께 저기 가서 예배하고 우리가 너희에게로 돌아오리라"(창 22:5절)

아브라함이 지금 아들을 드릴 마음이 없는 것입니까? 아니면 종들에게 설명하기 그러니까 대충 둘러대느라고 그랬습니까? 아닙니다. 아브라함은 믿는 것이 있었습니다. 하나님의 약속을 믿었기 때문입니다.

이 말씀을 설명해주는 말씀이 신약에 있습니다.

"아브라함은 시험을 받을 때에 믿음으로 이삭을 드렸으니 그는 약속들을 받은 자로되 그 외아들을 드렸느니라 그에게 이미 말씀하시기를 네 자손이라 칭할 자는 이삭으로 말미암으리라 하셨으니 그가 하나님이 능히 이삭을 죽은 자 가운데서 다시 살리실 줄로 생각한지라 비유컨대 그를 죽은 자 가운데서 도로 받은 것이니라"(히11:17-19절)

아브라함은 약속을 믿었던 것입니다. 처음 하나님께서 주신 약속이 무엇입니까? 이삭을 통하여 그 자손을 하늘에 별과 같이 바닷가에 모래와 같이 되게 하신다는 것입니다. 그런데 지금 이삭은 장가도 안 갔습니다. 자식이 없습니다.

여기서 생각해봅시다. 이삭을 통해 자손을 허락하겠다고 하신 하나님이 아직 장가도 안간 이삭을 드리라면 무슨 뜻이 있지 않겠습니까? 죽기 직전에라도 멈추게 하시든지 아니면 죽어도 하나님께서 다시 살리시겠다는 것 아니겠습니까? 아브라함은 하나님의 약속을 믿고 끝까지 하나님을 신뢰했습니다.

한 소녀가 백 원짜리 동전 5개를 가지고 놀고 있는데 아버지가 와서 묻습니다. "네 돈이 전부 얼마니?" 아이는 웃으면서 대답합니다. "천원이에요." "계산을 잘못했구나. 백 원짜리 동전 5개면 5백 원이란다." "알아요. 그런데 숙제를 마치면 엄마가 5백 원을 더 주기로 약속했거든요." 엄마의 약속을 굳게 믿었습니다.

믿음이란 약속을 붙잡는 것입니다.

우리는 처음 하나님의 말씀을 듣고 그 약속을 의지하여 시작합니다. 그런데 시간이 지나면서 상황이 힘들어지면 그 약속을 의심합니다. 그리고는 아마도 그때 잘못 들었나보라고 쉽게 타협을 하고 그 약속을 버립니다.

예를 들어 결혼을 앞두고 배우자를 위해 기도하고 하나님의 응답으로 결혼을 했습니다. 하나님께서 짝지어 주신 배필이라고 생각했지만 시간이 지나 살다보니 부부싸움을 하고 관계가 틀어집니다.

결혼 초엔 "너 없이 못 살아." 하더니 지금은 "너 때문에 못 살아." 합니다. 초기엔 "너 안 만났으면 내 인생은 망했어." 하더니 지금은 "너 만나서 내 인생 망했어."라고 합니다. 그때 사람들은 결혼 전에 받은 하나님의 말씀을 의심합니다. 그리고 그 말씀을 헌신짝처럼 버립니다.

하나님의 약속을 끝까지 신뢰하는 사람에게 하나님의 축복이 있는 것입니다. 하나님의 약속을 끝까지 신뢰하는 사람에게 영적인 체험이 있고 간증이 있는 것입니다. 환경이 나에게 불리하고 상황이 점점 나빠진다 해도 그 약속을 버리면 안 됩니다. 그 약속을 끝까지 신뢰해야 합니다. 그 약속을 신뢰한 아브라함이 믿음의 조상이 된 것입니다.

어느 날 성도가 밤길을 걷다가 그만 낭떠러지로 떨어졌습니다. 다행히 작은 나무뿌리를 잡을 수 있어서 겨우 살아나 발버둥을 치면서 "하나님, 살려주세요." 하고 소리 쳤습니다. 그랬더니 하나님께서 대답하셨습니다. "그래 알았다. 살려줄 테니 그 손을 놓아라." 사실 발밑에 땅이 있었는데 어두워서 보이지 않았던 것입니다. 이 성도는 다시 소리쳤습니다. "사람 살려 거기 다른 사람 없어요?"

주님을 사랑해서 인생에 모든 것을 포기하고 인도의 빈민가에서 헐벗고 가난한 자들을 위해 평생 주님의 사랑을 전했던 마더 테레사를 우리는 잘 알 것입니다. 1979년 12월 11일 그녀는 노벨평화상을 수상하면서 "그리스도는 어디에나 계십니다. 그분은 우리 마음에 계시고 우리가 만나는 가난한 사람들 가운데 계시며 우리가 주고받는 미소 가운데도 계십니다."하고 소감을 말했습니다. 주님을 위해 평생을 헌신 했기에 우리는 그분의 신앙을 의심하지 않을 것입니다.

그러나 어느 날 마더 테레사는 마이클 반 델 피트라는 사제에게 보낸 편지를 통해 이렇게 고백합니다. "예수님은 당신을 특별히 사랑하고 계신 듯합니다. 하지만 내게는 침묵과 공허가 너무나 커서 그분을 보려 해도 보지 못하고 있습니다. 아무리 들으려 해도 들을 수 없습니다. 기도의 혀를 움직이고자 해도 되지 않습니다. 제발 나를 위해 기도해 주세요."

영성학자들은 이런 하나님의 부재를 가리켜 [영혼의 어두운 밤]이라고 부릅니다. 믿어지지 않습니다. 끊임없이 왜냐고 묻고 싶습니다. 이 영혼의 어두운 밤은 누구에게라도 있을 수 있습니다. 그러나 그것을 극복해야 합니다.

어떻게 극복합니까? 처음 하나님의 약속을 붙잡아야 합니다. 처음 나를 부르시고 나에게 약속해주셨던 주님의 사랑을 붙잡아야 합니다. 우리는 환경에 따라 변합니다. 그러나 하나님의 약속은 절대로 변하지 않습니다. 처음 약속을 기억해야 합니다.

지난 2012년 6월 15일 밤 10시, 미국의 스턴트맨 닉 왈렌더씨는 나이아가라 폭포 중 가장 큰 호스슈폭포 상공 51m 위에 5㎝ 두께의 쇠줄을 걸고 548m를 수평 유지용 장대를 들고 25분만에 미국에서 캐나다 땅으로 건너 화재가 되었습니다.

사실 이 나이아가라폭포 300m간격 건너기를 처음 시도한 사람은 1859년 프랑스 사람 찰스 블론딘(Charles Blondin, 1829-1897)입니다. 1859년 장대하나를 가지고 나이아가라 폭포를 건넌 블론딘은 그해 8월 17일엔 그의 매니저였던 해리콜코드(Harry Corcold)를 업고 건너가 화재가 되었습니다.

그 다음해인 1860년 그는 다시 나이아가라에 줄을 매고 줄타기를 시도합니다. 많은 사람들이 몰려들었습니다. 무섭게 쏟아져 내리는 폭포수 위로 50m 정도의 높이에 300m 사이에 밧줄을 매어 놓고 서 있는 그를 향하여 사람들은 "블론딘! 블론딘!" 하면서 환호하였습니다.

그러자 블로딘은 그들을 향해 이렇게 물었습니다. "여러분! 제가 이 폭포 위로 매어 놓은 줄을 타고 이편에서 저편으로 건너갈 수 있다고 믿으십니까?" 그러자 군중들은 "물론이지요!" 라고 소리쳤습니다.

그러자 불론딘은 "그렇다면 제가 제 등에 한 사람을 업고 이 밧줄을 탈 수 있다는 것도 믿으십니까?" 이미 매니저를 업고 건넌 사실을 알고 있는 군중들은 "당신을 할 수 있습니다. 믿습니다."라고 답하였습니다.

그러자 불론딘은 군중을 향하여 "그렇다면 여러분들 중에서 누가 제 등에 업히시겠습니까? 저를 믿으신다면 아무라도 좋으니 이리로 나오십시오."라고 하였습니다. 그러자 아무도 자원하여 나서는 사람이 없었습니다. 무엇을 말합니까? 군중들은 불론딘을 믿는다고 말했지만 자신을 의탁하지는 못했습니다.

우리는 우리의 비전 여행 가운데 하나님이 허락하신 시험 앞에서 "믿음으로 요단강을 건널 수 있습니다." 하고 소리는 치지만 흐르는 요단강에 발을 내딛기는 두려워합니다. 그러나 우리가 영향력 있는 비저너리의 인생을 살기 원한다면 남에 일처럼 소리치는 사람이 아니라 말씀에 순종하여 믿음으로 발을 내 딛어야 하는 것입니다.

우리가 하나님을 신뢰하며 믿음으로 순종의 발을 내 딛을 때 우리는 우리를 축복하시기 위해 하나님께서 허락하신 시험을 통과하여 더 성숙한 사람으로, 영향력 있는 비저너리로 자라가게 될 것입니다. 누가 발을 내딛겠습니까? 누가 순종하겠습니까? 바로 당신입니다.

CHAPTER 11
시험 – 마지막 관문

+ Abraham + + + + + + Abraham

하나님께서 주시는 시험은 우리를 테스트 하시는 것입니다. 우리가 그 테스트를 잘 통과한다면 하나님의 축복이 있습니다. 아브라함이 그랬습니다. 아브라함은 그 시험을 잘 통과하여 하나님의 축복을 받게 됩니다. 아브라함이 어떻게 그 엄청난 시험을 통과 할 수 있었을까요? 비전여행에 마지막 관문이라 할 수 있는 시험을 어떻게 극복할 수 있을까요?

첫째, 영적으로 깨어 있어야 합니다.

우리가 성숙할수록 하나님은 더 큰 테스트를 할 것입니다. 우리가 그때마다 시험을 통과하기 위해선 영적으로 날마다 깨어 있어야 합니다. 이제는 하나님을 의지하지 않아도 잘 살 것 같습니다. 그러나 더 이상 하나님의 음성이 들리지 않습니다. 영적으로 둔해졌는데도 그것이 문제로 여겨지지 않습니다. 바로 지금이 영적으로 깨어 있어야 할 때입니다. 지금이 기도할 때입니다.

둘째, 철저하게 순종 해야만 합니다.

토마스 왓슨은 이렇게 말했습니다. "하나님께 순종하는 것은 우리의 의무라기보다는 우리의 특권입니다. 하나님은 우리에게 유익이 되는 것만을 명령하시기 때문입니다." 지금 당신에게 하나님께서 요구하시는 것이 무엇입니까? 갈등하지 말고 순종해보세요. 우리를 사랑하셔서 축복하기 위해 우리에게 주신 특권입니다.

셋째, 믿음으로 신뢰 해야만 합니다.

우리가 하나님을 신뢰하며 믿음으로 순종의 발을 내 딛을 때 우리는 우리를 축복하시기 위해 하나님께서 허락하신 시험을 통과하여 더 성숙한 사람으로, 영향력 있는 비저너리로 자라가게 될 것입니다. 누가 발을 내딛겠습니까? 누가 주를 신뢰하고 순종하겠습니까? 바로 당신입니다.

생각해보기

1. 당신의 신앙생활 여정 속에 하나님께서 당신을 테스트하신다고 여겨진 것이 있는지 그리고 그것을 어떻게 극복했는지 생각해 봅시다.

2. 이해되지 않지만 하나님의 말씀이기 때문에 순종했던 경험과 순종한 결과를 생각해 봅시다.

3. 하나님을 믿는 것은 하나님을 신뢰하는 것입니다. 현실적인 문제를 만났을 때 하나님을 신뢰했거나 신뢰하지 못했던 경험들을 생각해 봅시다.

CHAPTER

12

이별

1 사라가 백이십칠 세를 살았으니 이것이 곧 사라가 누린 햇수라 2 사라가 가나안 땅 헤브론 곧 기럇아르바에서 죽으매 아브
라함이 들어가서 사라를 위하여 슬퍼하며 애통하다가 3 그 시신 앞에서 일어나 나가서 헷 족속에게 말하여 이르되 4 나는 당
신들 중에 나그네요 거류하는 자이니 당신들 중에서 내게 매장할 소유지를 주어 내가 나의 죽은 자를 내 앞에서 내어다가 장
사하게 하시오 5 헷 족속이 아브라함에게 대답하여 이르되 6 내 주여 들으소서 당신은 우리 가운데 있는 하나님이 세우신 지
도자이시니 우리 묘실 중에서 좋은 것을 택하여 당신의 죽은 자를 장사하소서 우리 중에서 자기 묘실에 당신의 죽은 자 장사
함을 금할 자가 없으리이다

창23:1-6절

이별 - 사랑하는 이를 보내며

어느 날 집사람과 함께 이야기를 하던 중에 누구 한 사람이 먼저 죽으면 어떻게 할 것인지가 주제가 되었습니다. 저는 늘 일관성 있게 집사람에게 하는 말이 있습니다. 제가 먼저 하나님의 부름을 받으면 망설이지 말고, 눈치 보지도 말고 좋은 사람 만나서 바로 재혼하라는 것입니다. 그리고 저도 그럴 것이라고 합니다.

그런데 집사람은 그럴 때마다 자신은 혼자 살 것이라고 합니다. 두 아들을 그렇게 사랑해줄 수 있는 사람을 못 만날 것 같다는 것입니다. 혼자 살면서 남편 생각하며 아들들 잘 키우겠다는 것입니다.

하루는 동일한 주제로 이야기를 하면서 제가 재혼할 것이라고 강조를 했더니 집사람이 농담으로 하는 말이 절대로 재혼하지 말라는 것입니다. 그러면서 하는 말이 자기가 먼저 죽으면 재혼을 하되 자기를 화장한 후 그 뼛가루를 제 베개 속에 넣고 살라는 것입니다.

그러나 이런 이야기를 할 때마다 늘 결론은 이렇습니다. 집사람 말이 둘이 행복하게 살다가 나이 들어 같은 날 죽으면 좋겠다는 것입니다. 집사람이 먼저 죽고 그 임종을 지켜보고 1분 후에 제가 죽으라는 것입니다. 이럴 수만 있다면 얼마나 좋겠습니까?

사랑하는 사람과의 이별이라는 것이 참 어려운 것 같습니다. 심리학자 홈즈(Holmes)와 라헤(Rahe)박사의 스트레스지수를 보면 제일 강한 스트레스를 느끼는 것이 배우자 사망인데 이것을 기준으로 100점을 주었을 때 이혼이 73점, 별거가 65점, 감옥살이 63점, 가족의 사망 63점, 본인의 부상 또는 질병이 53점, 결혼 50점, 해고 47점, 별거 후 재결합 45점, 은퇴 45점이라고 합니다.

반면 한국인의 정서가 서양인과 다르기 때문에 서울대 의대교수인 홍강의교수와 정도언교수는 한국문화와 사회적 특성을 반영한 스트레스 지수를 개발했는데 1위가 자식 사망으로 74점, 2위는 배우자 사망 73점, 3위 부모 사망 66점, 이혼 63점, 형제사망 60점, 혼외정사 59점, 결거 후 재결합 54점, 부모이혼, 재혼 53점, 별거 51점, 해고 50점이라고 합니다.

이 자료에 의하면 우리나라 사람들은 특히 사랑하는 사람과의 이별이 서양 사람보다 더 많은 스트레스가 되는 것을 알 수 있습니다. 사실 만남이 있으면 헤어짐이 있다는 것은 누구도 부인할 수 없는 사실이지만 막상 그런 상황이 닥치면 그것이 우리에게 큰 스트레스로 작용을 하는 것 같습니다.

본문은 아브라함과 백년 이상을 함께 살았던 사랑하는 아내 사라가 127세에 죽었다는 말씀으로 시작합니다.

> "사라가 백이십칠 세를 살았으니 이것이 곧 사라가 누린 햇수라"(창 23:1절)

오랜 세월을 살면서 아브라함과 사라는 수많은 인생 역경과 기쁨을 함께 겪었습니다. 그런 아내가 떠났을 때 아브라함의 마음이 어땠을까요? 또한 그런 슬픔 가운데 아브라함은 어떻게 죽은 아내와 이별을 했을까요? 그리고 우리 인생 가운데 피할 수 없는 사랑하는 사람과의 이별을 우리가 어떻게 대면해야 할까요? 아브라함이 사랑하는 사람을 떠나 보내는 모습을 통해 우리가 어떻게 해야 할지 살펴봅시다. 선한 영향력을 향한 비전여행 중에 사랑하는 사람이 떠났을 때 아브라함은 어떻게 했을까요?

첫째, 슬퍼하며 애통했습니다.

설마 믿음의 조상인 아브라함이, 천국의 소망을 가진 아브라함이 아내가 천국에 갔다고 울었을까? 혹시 그런 생각을 하지 않았습니까? 그러나 본문 2절을 보면 사라가 죽었을 때 아브라함의 첫 번째 반응은 슬퍼하며 애통했다는 것입니다.

"사라가 가나안 땅 헤브론 곧 기럇아르바에서 죽으매 아브라함이 들어가서 사라를 위하여 슬퍼하며 애통하다가"(창23:2절)

여기[애통하다]는 말의 히브리어 [바카]는 물방울이 떨어지는 소리를 나타내는 단어인 [바크]가 어근으로서 [바카] 즉 [애통하다]는 말은 눈물을 참지 못하고 하염없이 우는 모습을 의미 하는 말입니다. 또한 [슬퍼하다]란 말은 히브리어로 [사파드]로 '슬픔의 표시로 가슴을 치다' 는 의미입니다. 죽은 자에 대한 슬픔으로 가슴을 치며 슬퍼하는 모습을 의미하는 말입니다.

정리하면 아브라함은 아내 사라가 죽고 그는 가슴을 치며 슬퍼할 뿐 아니라 눈물을 주체하지 못하여 울고 있다는 것입니다. 정말 엉엉 울었다는 것입니다.

만약 당신이 대성통곡하며 울고 있는 아브라함 옆에 있었다면 어떻게 했을 것 같습니까? 혹시 아브라함을 믿음 없는 사람이라고 정죄할 분은 없습니까? 장례식장에 가보면 그런 분이 있습니다. 천국에 갔으니까 울지 말라는 것입니다. 믿지 않는 사람이 보면 덕이 되지 않는다는 것입니다.

그러나 그것은 잘못된 생각입니다. 오히려 성경은 즐거워하는 사람과는 함께 즐거워하고 우는 자들과 함께 울어야 한다고 말씀하셨습니다.

"즐거워하는 자들과 함께 즐거워하고 우는 자들과 함께 울라"(롬12:15절)

요한복음11장35절을 보면 예수님께서 그의 사랑하는 자인 나사로가 죽은 것을 보시고 예수님께서 우셨다고 말씀하십니다.

"예수께서 눈물을 흘리시더라"(요11:35절)

물론 천국에 소망이 있지만 감정을 가진 인간이 사랑하는 사람과 헤어진 후에 어찌 슬픔이 없겠습니까? 사랑하는 사람과 이별을 했을 때 슬퍼하는 것은 당연한 것이고 그 슬픔은 정죄될 수 없는 것입니다.

3년 동안 암으로 투병하시던 어머니가 고3때 돌아가셨습니다. 투병하시면서 예수님을 만나시고 천국에 가셨기 때문에 목사님을 모시고 어머니의 마지막을 보내드리고 싶었지만 저희 형제들이 아직 어렸기 때문에 집안 어른들이 장례를 주관하셨고 결국 전통적인 장례를 치르게 되었습니다.

어리지만 믿지 않는 사람들에게 그리스도인으로 좋은 모습을 보이고 싶었습니다. 이 장례를 통해서 천국의 소망을 가진 사람은 어떻게 하는지 보여주고 싶었습니다. 그래서 이별의 슬픔을 드러내기보다 그 슬픔을 천국에 소망으로 넉넉히 극복하는 의연함을 보여

주려고 슬픔을 드러내지 않았습니다.

입관을 하기 위해 안방에 저희 형제들이 보는 가운데 염을 하는 동안 어금니를 물고 눈물을 참았습니다. 수의가 입혀지고 어머니의 온 몸이 삼베로 감싸지고 꽁꽁 묶여가는 모습을 보는데도 저는 너무나 의연하게 참았습니다.

그리고 마지막 삼일 째 상여가 나가고 그 뒤를 따라서 장지로 올라갔습니다. 이미 돌아가신 아버님 옆에 어머니를 모신다고 아버님의 산소가 파헤쳐져 있었습니다. 상여에서 관을 꺼내고 산소 정리를 마무리하고는 관에서 시신을 꺼내 어머니의 시신을 땅 속으로 내리기 시작했습니다.

그런데 어머니의 시신이 땅으로 내려갈 때는 더 이상 참을 수 없었습니다. 감정이 복받쳐서 참을 수 없었습니다. 모셔진 어머니 시신에 흙이 덮여질 때는 견딜 수 없었습니다. '더욱이 이제는 어머니의 육신이 마지막이구나.' 더 이상 어머니를 볼 수 없다는 생각이 들면서 일하는 인부들에게 안 된다고 삽을 빼앗으려 했습니다. 그리고 그곳에 누워있는 어머니를 꺼내고 싶었습니다.

막내인 저의 그런 모습을 보면서 주변에 모든 사람들이 울었습니다. '그렇게 어머니 사랑을 받더니, 장례하는 동안 의연하게 잘 참더니.......' 저를 만류하면서 함께 울었습니다. 산에서 내려와 집으로 돌아오는 내내 울었습니다. 지쳐서 눈물이 그칠 법도 한데 정말 눈물이 끊이지 않고 집에 오는 내내 흘렀습니다. 그리고 그 슬픔이 쉽게 가시지 않았습니다.

복음적인 설교가 F. B. 마이어는 그의 책 [아브라함의 믿음과 축복]에서 이렇게 말합니다. '소나기가 천둥구름을 걷어가듯이 눈물이 우리의 불타는 가슴을 식혀 줍니다. 범람이 둑을 짓누르는 홍수의 압력을 덜어 주듯이 눈물은 억제할 길 없는 우리 마음의 고뇌를 풀어 줍니다. 눈물방울은 하늘의 영롱한 무지개를 짜는 재료입니다. 굴의 상처가 진주를 만들어 내듯이, 눈물은 우리의 보다 나은 삶의 보석들로 바뀌어 줍니다.'

저는 그리스도인의 장례라 할지라도 눈물이 있어야 한다고 생각합니다. 그리스도인이라면 정말 사랑하고 행복하게 사는 것은 마땅한 것이고 당연한 것입니다. 그렇게 사랑하고 살았다면 그 이별의 순간 눈물이 없는 것이 이상한 것입니다. 이별의 아픔이 있을 것입니다. 더 잘 해주지 못한 후회도 있을 것입니다. 더 사랑해주지 못한 아쉬움이 있을 것입니다. 한 시간만이라도 곁에 있었다면 그동안 하지 못했던 고백을 할 수 있었을 텐데, 미안하다, 고맙다, 용서를 구할 수 있었을 텐데 후회도 있을 것입니다.

물론 천국에 소망이 있지만 육신이 있는 동안 나누었던 사랑이 있기 때문에 그렇습니다. 또 후회가 있기 때문입니다. 사랑하는 사람과 이별을 할 때 슬픔을 숨길 필요 없습니다. 아브라함도 슬퍼하며 애통해 했습니다. 예수님께서도 우셨습니다. 오히려 슬픔은 당연한 것입니다.

둘째, 슬프지만 일어났습니다.

사랑하는 사람과 이별을 하고 슬퍼하는 것은 당연한 것입니다. 그러나 우리가 어느 때까지 슬퍼만 하고 있을 수 없습니다. 우리에게 슬픔이 있는 것이 사실이지만 동시에 우리에게는 살아내야 할 현실이 있기 때문입니다.

당장 아브라함을 보더라도 아내 사라와의 이별은 가슴 아픈 일입니다. 그러나 마냥 슬퍼할 수 없습니다. 당장 아내의 마지막을 아름답게 보내야 할 현실이 아브라함 앞에 있었기 때문입니다. 장례식을 어떻게 할지 또 슬픔 가운데 있는 다른 가족들을 어떻게 위로할지 생각이 났을 것입니다.

아브라함이 어떻게 했을까요? 3-4절을 보면 먼저 [그 시신 앞에서 일어나]라고 했습니다. 아브라함은 사랑하는 아내 시신을 앞에 두고 일어났습니다. 왜요? 장례를 치러야 하기 때문입니다. 그래서 헷 족속을 찾아가 매장지를 구합니다. 장사지낼 땅을 구하고 있는 것입니다.

"그 시신 앞에서 일어나 나가서 헷 족속에게 말하여 이르되 나는 당신들 중에 나그네요 거류하는 자이니 당신들 중에서 내게 매장할 소유지를

주어 내가 나의 죽은 자를 내 앞에서 내어다가 장사하게 하시오"(창 23:3-4절)

그리고 19절을 보면 마침내 아브라함은 가나안 땅에 사랑하는 아내의 장례식을 잘 치뤘습니다.

"그 후에 아브라함이 그 아내 사라를 가나안 땅 마므레 앞 막벨라 밭 굴에 장사하였더라(마므레는 곧 헤브론이라)"(창23:19절)

저는 이것이 사랑하는 사람과의 이별로 슬퍼하고 있는 이들을 향한 아브라함의 교훈이라 생각합니다. 슬퍼하며 애통하는 시간이 필요합니다. 눈물이 아픈 마음을 치료하게 될 것입니다. 슬픔을 딛고 일어서기 위해 슬픔의 시간은 분명히 필요한 것입니다. 그러나 슬퍼만 하고 있다면 오히려 독이 될 수 있습니다.

예를 들어 한 여름 비가 오지 않아 가물면 세상이 메마르지 않습니까? 비가 없으면 메마르고 식물들이 죽어 갑니다. 마른 먼지가 날릴 수밖에 없습니다. 그런 상황에서 비가 오면 죽어 가는 식물들이 다시 소생합니다. 비가 죽어가는 대지를 살리는 것입니다.

그러나 대지를 살리는 비가 너무나 지나치면 또 문제가 되는 것입니다. 홍수가 나서 산이 황폐해지고 나무들이 쓰러집니다. 재방이 무너지고 사람들의 삶의 터전마저 흔들리고 생명마저 위태하게 됩니다. 슬픔을 듣고 일어서야 합니다.

어머니 장례를 마치고 함께 있던 친척들이 떠나고 저희 사형제만 남겨졌을 때의 적막감을 지금도 잊을 수가 없습니다. 어머니의 남겨진 흔적들을 대할 때마다 마음이 우울해지고 힘들었습니다.

장례를 마치고 다음 날 목사님과 교우들이 심방을 오셨습니다. 그날 말씀 본문은 시편23편 이었습니다. 목사님은 다윗의 목자가 되어 주셨던 하나님께서, 아니 인생에 낭패를 만난 모든 사람의 목자가 되어 주셨던 하나님께서 오늘 우리의 목자가 되어 주실 것이라며 목자 되신 하나님과 함께 슬픔을 잘 극복하고 힘을 내라고 말씀해주셨습니다. 큰 위로가 되었습니다.

그렇게 예배를 마치고 목사님과 교우들이 떠난 후 큰 형님이 하얀색 전지에 매직으로 시편23편을 큼직하게 쓰셨습니다. 그리고는 안방 한 가운데에 붙이셨습니다. 하루에도 몇 번씩 그 말씀을 읽고 또 읽었습니다. 이 말씀이 어머니가 떠나신 빈자리 그리고 부딪히는 현실적인 어려움들을 극복하게 했습니다.

아브라함이 일어나 아내와의 이별 예식을 잘 마쳤다고 그에게 슬픔이 사라졌을까요? 분명히 그렇지 않았을 것입니다. 사라가 떠난 빈자리가 아브라함의 마음을 계속해서 아프게 했을 것입니다. 하루 아침에 모든 슬픔이 사라지지는 않습니다.

분명히 시간이 필요할 것입니다. 그러나 마냥 슬픔에 잠겨 살 수 없습니다. 하나님의 말씀을 의지하여 일어나야 합니다. 하나님을 의지한다면 더욱 빨리 일어설 수 있습니다. 사랑하는 사람이 떠났을 때 슬퍼하십시오. 그리고 일어서십시오.

셋째, 나그네로 살아갔습니다.

저는 목사다 보니까 젊었음에도 불구하고 참 많은 경험을 했습니다. 30대 중반에 결혼식 주례를 했습니다. 벌써 수십 차례 주례를 섰는데 저보다 나이가 많은 사람 결혼 주례도 많이 섰습니다.

저는 주례를 할 때마다 참 감사하게 생각합니다. 한 가정이 탄생하는 중요한 일을 저를 통해서 한다는 것이 얼마나 큰 영광입니까? 그래서 저는 결혼 주례를 맡으면 그 가정을 위해 참 많이 기도합니다. 개인적으로 매우 기쁜 사역입니다.

주례도 많이 했지만 더 많이 한 것은 장례입니다. 지금은 교인이 적어 장례가 그렇게 많지 않지만 지구촌교회에서 사역하는 동안 장례를 수도 없이 많이 했습니다. 일 년에 수십 번 하는 사역이지만 장례만큼 숙연하고 많은 것을 생각하게 하는 사역은 없는 것 같습니다.

매번 똑같은 설교를 반복합니다. 매번 똑같은 설교를 반복해서 듣는 성도들은 이미 저의 장례 설교를 다 외울 정도이지만 장례예배에 참석한 성도들은 그때마다 은혜를 받고 때론 손수건이 다 젖도록 울고 나오는 경우도 있습니다.

왜 그럴까요? 죽음이 말하는 메시지가 있기 때문입니다. 갑작스런 죽음을 보면서 우리는 어떤 생각을 하게 됩니까? 인생이 덧없다는 생각입니다. 아등바등 살았는데 모든 것이 끝나는 죽음 앞에서 모든 것이 덧없다는 생각을 하게 됩니다. 잠시 머물다 가는 나그네 인생이라는 것을 깨닫게 됩니다.

아브라함도 그랬을 것입니다. 사실 아브라함의 인생은 나그네 인생이었습니다. 성경은 아브라함이 고향인 갈대아 우르를 떠나는 것에서 아브라함의 이야기를 시작합니다. 성경이 주목한 아브라함의 시작은 나그네였습니다. 그리고 그는 인생에 많은 시간을 약속한 땅을 찾아 떠돌아다니며 나그네 인생을 살았습니다.

그러나 어느새 재물을 얻어 부유해지고, 많은 식솔을 거느린 권력을 가지게 되고, 무엇보다 기다리던 아들이삭을 얻으며 인생 최고의 절정기를 달리며 더 이상 부러울 것이 없는 삶을 누리며 아브라함은 자신이 나그네라는 사실을 점점 잊고 있었을 것입니다.

그런데 더도 말고 덜도 말고 지금만 같았으면 좋겠다할 때 갑자기 사랑하는 아내 사라가 죽었습니다. 아브라함이 무슨 생각이 들었을까요? 그런 아브라함의 생각을 대변하는 것이 4절의 고백이라 생각합니다. 나는 당신들 중에 나그네라는 것입니다.

"나는 당신들 중에 나그네요 거류하는 자이니"(창23:4절)

사랑하는 아내가 떠나면서 아무리 많은 것을 누리고 살아도 자신이 떠날 수밖에 없는 나그네라는 것을 생각하게 된 것입니다. '맞아, 인생은 나그네길이야. 나도 언젠가는 떠나야할 나그네지.' 아내의 죽음을 보면서 아브라함은 자신도 또한 떠나야 하는 나그네라는 것을 고백합니다. 그리고 그는 비로소 영원한 본향을 향한 나그네 인생을 진지하게 살았을 것입니다.

당신은 나그네 인생임을 믿으십니까? 성경은 언젠가 우리도 이 땅에서의 모든 삶을 마치고 영원한 우리의 본향, 우리를 기다리시는 하나님 아버지가 계신 고향으로 돌아가야 한다고 말씀하십니다.

우리는 이 땅에서 나그네로 살고 있는 것입니다. 그렇기 때문에 중요한 것은 이 땅에서 얼마나 떵떵거리며 사느냐가 아닙니다. 본향으로 돌아 갈 때, 우리의 인생을 마무리 할 때 어떤 모습으로 본향으로 들어가느냐가 중요한 것입니다.

하나님께서 당신을 아직도 본향으로 부르지 않으시고 이 땅에 남겨 놓으신 이유가 무엇입니까? 먼저 당신은 본향에 들어갈 준비가 되셨습니까? 우리의 본향인 하나님의 나라는 오직 우리의 죄를 대신하여 십자가에 죽으신 예수 그리스도를 믿음으로 가는 나라입니다. 오직 십자가의 은혜를 붙들고 가는 나라입니다. 당신은 준비되셨습니까?

당신이 본향에 들어간다면 그 나라를 위해 당신이 행한 것이 무엇이라고 말할 수 있겠습니까? 나그네 인생에 그래도 하나님께서 주신 많은 달란트를 가지고 당신은 어떻게 사용했습니까?

내 이기적인 욕심을 채우고, 내 배를 채우고 말았다면 하나님 앞에 무엇이라 말씀하시겠습니까? 얼마나 많은 사람을 전도했고, 얼마나 많은 시간을 주님을 위해 사용했고, 얼마나 많은 물질을 주를 위해 사용했습니까? 주님의 몸 된 교회를 위해 얼마나 헌신하며 사셨습니까?

저는 한 때 우리나라 복음가수의 대부라고 할 수 있는 윤용섭목사님이 지으신 [주님 내게 오시면]이란 찬양을 참 많이 불렀습니다.

세상부귀 안일함과 세상 근심하다가
주님 나를 찾으시면 어떻게 만날까
주님 내게 오시면 나 어찌 대할까
멀리 방황하던 나 불쌍한 이죄인
이제 주 만 생각하며 세상 근심 버리고
두 손 들고 눈물로서 주 만 따라 가오리다

세상일에 얽매어서 세상일만 하다가
주님 나를 부르시면 어떻게 만날까
주님 내게 오시면 나 어찌 대할까
멀리 방황하던 나 불쌍한 이죄인
이제 주 만 생각하며 세상 권세 버리고
오직 주만 바라보며 주 만 따라 가오리다

지금까지 내가 한일 주님께서 보시고
훗날에 나를 보며 무어라 하실까
주님 내게 오시면 나 어찌 대할까
멀리 방황하던 나 불쌍한 이죄 인
이제 주만 생각하며 세상 영광 버리고
십자가를 내가 지고 주 만 따라 가오리다

우리 인생이 나그네라는 것을 기억해야 합니다. 잠시 머무는 이 세상 나그네로 사는 것은 주님 때문에 좁은 길을 걸어가는 것입니다. 주님 때문에 손해보고, 주님 때문에 희생하고, 주님 때문에 억울함을 참고, 주님 때문에 할 말을 참아야 하고, 주님 때문에 고생을 자처하는 길입니다. 그러나 그 길은 가치 있는 길입니다.

헨리 C 모리슨(Henry Morrison) 선교사는 20세기 초 아프리카에서 40년 동안 열정과 땀을 쏟아 선교를 했지만 많은 열매를 거두지 못했습니다. 그 동안 그는 큰 아들과 작은 아들을 질병으로 세상을 떠나보내야 했습니다. 그리고 두 아들을 잃은 충격으로 아내마저 세상을 떠나보내야 했습니다.

얼마나 힘들었을까요? 그는 슬픔 가운데 자신의 처지를 비관하며 하나님께 왜 나에게 이런 큰 시련을 주시느냐고 따졌습니다. 과연 나에게 이 선교가 무슨 유익이냐고 따졌습니다. 그리고 그는 마침내 선교를 포기하기로 결심합니다.

모든 짐을 싸서 노구의 몸을 이끌고 고향인 미국으로 돌아가는 배를 탔습니다. 때마침 그가 탄 배에는 아프리카에 국가를 방문 한 후 코끼리 사냥을 하고 돌아오는 루즈벨트 대통령 일행이 함께 타고 있었습니다.

배가 뉴욕의 항구에 들어오고 대통령이 배에서 내릴 때 붉은 카펫이 깔리고 예포소리와 함께 군악대의 음악에 맞추어 수많은 사람들이 손을 흔들며 대통령 일행을 환영하고 있었습니다. 대통령 일행이 빠져나가고 환영 나온 인파도 밀물처럼 빠져나간 후 적막한 선착장으로 내려오던 선교사는 독백처럼 이렇게 말했습니다. '주님, 이것이 40년 동안 주님을 위해 아프리카에서 저의 청춘과 사랑하는 아들과 아내를 잃어버리며 수고한 결과입니까?'

자신이 너무나 초라하게 느껴지며 한없이 작아 질 때 어디선가 조용한 음성이 들려왔습니다. "내 아들 헨리, 너는 아직 고향으로 돌아오지 않았잖니, 네가 고향에 돌아오는 그 날은 레드 카펫이 아닌 황금 길로, 군악대의 나팔 소리가 아닌 천군 천사의 나팔소리와 함께 내가 직접 너를 맞이할 것이다."

우리는 나그네 인생을 살고 있습니다. 우리는 아직 고향으로 돌아오지 않았습니다. 왜 내 인생 이렇게 살아야 하나 회의감이 밀려올 때, 주님을 위해 한 알의 밀이 되어 내 자신이 없어지고 사는 삶이 의미 없다 생각 될 때, 주님 위해 희생하고 헌신하고 주님 때문에 손해 보다 억울하다 생각 될 때 기억하십시오. 당신은 아직 고향에 돌아오지 않았습니다. 우리는 그 좁을 길을 통과해서 마침내 주님의 품으로 가게 될 것입니다.

CHAPTER 12
이별 - 사랑하는 이를 보내며

오랜 세월을 살면서 아브라함과 사라는 수많은 인생 역경과 기쁨을 함께 겪었습니다. 그런 아내가 떠났을 때 아브라함의 마음이 어땠을까요? 또한 그런 슬픔 가운데 아브라함은 어떻게 죽은 아내와 이별을 했을까요? 그리고 우리 인생 가운데 피할 수 없는 사랑하는 사람과의 이별을 우리가 어떻게 대면해야 할까요? 선한 영향력을 향한 비전여행 중에 사랑하는 사람이 떠났을 때 아브라함은 어떻게 했을까요?

첫째, 슬퍼하며 애통했습니다.

물론 천국에 소망이 있지만 육신이 있는 동안 나누었던 사랑이 있기 때문에 그렇습니다. 또 후회가 있기 때문입니다. 사랑하는 사람과 이별을 할 때 슬픔을 숨길 필요 없습니다. 아브라함도 슬퍼하며 애통해 했습니다. 예수님께서도 우셨습니다. 오히려 슬픔은 당연한 것입니다.

둘째, 슬프지만 일어났습니다.

그러나 슬퍼만 하고 있다면 오히려 독이 될 수 있습니다. 하나님의 말씀을 의지하여 일어나야 합니다. 하나님을 의지한다면 더욱 빨리 일어설 수 있습니다. 사랑하는 사람이 떠났을 때 슬퍼하십시오. 그리고 일어서십시오.

셋째, 나그네로 살아갔습니다.

사랑하는 아내가 떠나면서 아무리 많은 것을 누리고 살아도 자신이 떠날 수밖에 없는 나그네라는 것을 생각하게 되었습니다. '맞아, 인생은 나그네길이야. 나도 언젠가는 떠나야할 나그네지.' 아내의 죽음을 보면서 아브라함은 자신도 또한 떠나야 하는 나그네라는 것을 고백하는 것입니다. 그리고 그는 비로소 영원한 본향을 향한 나그네 인생을 진지하게 살았을 것입니다.

생각해보기

1. 당신이 사랑하는 이를 떠나보낸 경험과 또 그때 어떤 후회를 했는지 생각해 봅시다.

2. 당신이 사랑하는 이를 떠나보내고 슬픔 가운데 있을 때 어떻게 극복했는지 생각해 봅시다.

3. 당신은 나그네로 본향에 들어 갈 준비를 하며 살고 있습니까? 구체적으로 어떤 준비를 하고 있는지 생각해 봅시다.

CHAPTER

13

죽음

5 아브라함이 이삭에게 자기의 모든 소유를 주었고 6 자기 서자들에게도 재산을 주어 자기 생전에 그들로 하여금 자기 아들
이삭을 떠나 동방 곧 동쪽 땅으로 가게 하였더라 7 아브라함의 향년이 백칠십오 세라 8 그의 나이가 높고 늙어서 기운이 다
하여 죽어 자기 열조에게로 돌아가매 9 그의 아들들인 이삭과 이스마엘이 그를 마므레 앞 헷 족속 소할의 아들 에브론의 밭
에 있는 막벨라 굴에 장사하였으니 10 이것은 아브라함이 헷 족속에게서 산 밭이라 아브라함과 그의 아내 사라가 거기 장사
되니라 11 아브라함이 죽은 후에 하나님이 그의 아들 이삭에게 복을 주셨고 이삭은 브엘라해로이 근처에 거주하였더라

창25:5-11절

죽음 - 여행의 마무리

제가 교회에 처음 부임 했을 때 많은 분들이 돌아가신 반봉선 권사님에 대한 말씀을 많이 해주셨습니다. 평소에 교회 성미부장을 맡으셔서 가능하면 모든 성도들이 성미를 정성껏 드리도록 권면하며 마지막까지 크고 작은 일을 구분하지 않고 맡겨진 일에 최선을 다하는 분이셨다고 합니다.

말년에 암으로 거동이 불편하신 얼마간을 제외하고는 늘 새벽예배에 나오셔서 나라와 민족을 위해, 교회와 목회자들을 위해, 자녀들을 위해 기도하는 권사님이셨고, 특히 주님 부르실 날이 얼마 남지 않았다고 느끼셨을 때 주변 정리를 참 깨끗하게 하셨습니다.

그동안 함께 신앙생활하며 섬기셨던 목사님들에게 일일이 전화를 해서 고맙다는 인사를 하시고 성도들 한 사람 한 사람에게 식사를 대접하셨습니다. 뿐만 아니라 당신의 장례를 마무리 하고 수고한 성도들을 위해 식사 대접을 어떻게 하라고까지 미리 말씀하셨다고 합니다. 그리고 주일날 예배를 드리고 교회의 주일사역을 마무리한 시점에서 조용히 하나님의 부르심을 받으셨다고 합니다.

많은 성도들이 권사님의 마지막은 참 아름다운 마무리였다며 자신도 그렇게 인생을 마무리하고 싶다는 말씀들을 하셨습니다. 어떻게 하면 우리가 그렇게 인생을 마무리 할 수 있을까요?

우리가 잘 아는 [삼총사]라는 소설로 유명한 프랑스의 극작가이며 소설가인 알렉산더 듀마는 아름다운 인생을 살았다고 합니다. 어느 날 한 여인이 듀마를 찾아와 "당신은 어떻게 그리도 고상하게 늙어 가십니까?" 하고 물었을때 이렇게 대답을 했다고 합니다. "부인 나는 고상하게 늙으려고 모든 시간을 투자합니다. 항상 고상하게 생각하고, 항상 고상하게 말하며, 항상 고상하게 행동합니다."

우리 인생을 아름답게 마무리 한다는 것은 하루아침에 되는 것이 아닙니다. 듀마의 말처럼 하루하루 우리가 걸었던 삶에 족적이 쌓여서 그 삶의 결과가 우리 인생에 마무리가 되는 것입니다. 그래서 우리는 그날을 생각하며 오늘을 작품처럼 살아야 합니다. 그리고 우리의 인생을 어떻게 마무리할지 미리 준비해야 합니다.

본문은 선한영향력을 끼치며 믿음의 조상으로 살았던 비저너리 아브라함의 인생에 마지막 장면을 우리에게 말씀하고 있습니다. 과연 아브라함은 어떻게 인생을 마무리 했는지 궁금하지 않습니까? 아브라함의 인생 마무리를 함께 살펴보며 우리의 인생에 마무리를 어떻게 하면 좋을지 생각해봐야 하겠습니다. 선한영향력을 끼친 비저너리는 어떻게 인생을 마무리해야 할까요?

첫째, 떠난 후에 남은 자리가 깨끗해야 합니다.

우리가 어떻게 하나님의 부르심을 받을지 아무도 알 수 없습니다. 자신이 떠나는 순간을 자신이 결정할 수 있으면 얼마나 좋겠습니까? 그것은 마음대로 되는 것이 아니기 때문에 그 날을 위해 우리는 기도해야 합니다. 아울러 그때를 준비해야 합니다. 우리가 준비한다면 죽음조차도 어느 정도는 자기가 선택할 수 있다고 생각합니다.

터키 소아시아 7교회 가운데 서머나 교회에 가면 교회 천장에 서머나 교회의 감독이었던 폴리갑의 순교 그림이 있습니다. 폴리갑의 순교이야기는 우리에게 참 많은 감동을 줍니다. 젊은 그리스도인인 게르마니쿠스가 처형장에 섰을 때 재판관은 그의 젊음을 가깝게 생각하고 죽지 말고 마음을 바꾸라고 권면합니다.

이때 게르마니쿠스는 "로마제국의 잔악한 통치하에서 사는 것보다 하나님 나라에서 평안하게 사는 것이 더욱 아름답다." 하고는 맹수들을 향해 "어서 오너라. 어서 와서 나를 먹어라." 하며 용기 있게 순교를 합니다.

군중들은 비굴하게 죽을 것을 기대했는데 용기 있게 죽어 가는 모습을 보고 이것은 폴리갑 감독의 영향 때문 이라며 폴리갑의 처형을 요구합니다. 군인들이 폴리갑을 체포하러 왔을 때 폴리갑은 차분하게 한 시간만 기도할 수 있게 해달라고 요청을 하고 마지막 기도를 합니다.

그의 죽음을 원치 않았던 재판관은 그를 살려 주고 싶어서 거짓으로라도 그리스도를 욕하라고 요구하지만 폴리갑은 "아닙니다. 나는 86년 동안 주님을 섬겼습니다. 그동안 그분은 제게 너무나 신실하셨습니다. 그런데 어찌 내 목숨을 부지하자고 그분을 욕할 수 있겠습니까?" 하고 용기 있게 죽음을 선택했습니다.

적어도 그리스도인이라면 자기 죽음은 자기가 결정할 수 있어야 합니다. 이런 사건이 우리에게 없다 할지라도 어느 순간 죽음이 임박했을 때 마지막까지 살려달라고 구걸하다 가지는 말아야 합니다.

죽기 직전이라도 "이제 그만 하는 것이 좋겠습니다. 산소호흡도 그만합시다." 그리고 사랑하는 사람들 불러 놓고 사랑한다는 말과 축복의 메시지를 전하고 마지막 기도를 하고 인생을 마무리하면 얼마나 좋습니까? 그러기 위해서는 지금부터 준비해야 합니다.

5-6절을 보면 아브라함은 자신의 인생을 마무리 하면서 자신이 세상을 떠난 후 남겨질 자리를 깨끗하게 정리했습니다.

> "아브라함이 이삭에게 자기의 모든 소유를 주었고 자기 서자들에게도 재산을 주어 자기 생전에 그들로 하여금 자기 아들이삭을 떠나 동방 곧 동쪽 땅으로 가게 하였더라"(창25:5-6절)

당시의 문화적 배경으로 보면 소실의 자식들에게는 재산을 물려주지 않는 것이 일반적인 통념이었습니다. 그러나 아브라함은 자신이 떠난 후 자녀들 사이에 혹시라도 다툼이 일어나지 않도록 서자들에게도 재산을 분배하여 미리 정리를 한 것입니다.

언젠가 성도 한분이 교통사고가 나서 갑자기 세상을 떠났는데 고인의 집에 가서 모두가 깜짝 놀랐습니다. 왜냐하면 마치 자신의 죽음을 미리 알기라도 한 것처럼 집안이 너무나 깨끗하게 정돈 되어 있을 뿐만 아니라 다른 모든 면에도 가족들이 혼란스럽지 않게 정리되어 있었기 때문입니다. 그래서 갑작스런 죽음이었지만 모두에게 위로가 되었습니다.

영향력 있는 인생으로 산다는 것은 인생의 마무리도 영향력 있는 마무리가 되어야 하지 않겠습니까? 영향력 있는 마무리는 무엇이겠습니까? 지금부터 영향력 있는 마무리를 위해 준비해야 합니다.

할 수 있다면 죽음마저도 아름답게 죽을 수 있도록 준비된 삶을 살아야 합니다. 선한 영향력을 나타내는 삶을 살다가 죽음마저도 선한 영향력을 나타내는 죽음이 되기 위해 지금 내 삶의 자리에서 기도하고 준비하며 살아야 합니다.

둘째, 떠난 후에 머물 자리를 준비해야 합니다.

아브라함은 자신의 인생을 마무리 하면서 자신이 세상을 떠난 후에 머물 자리를 미리 준비했습니다. 먼저 자신이 묻힐 묘지를 미리 준비했습니다. 9절을 보면 아브라함이 죽고 이삭과 이스마엘이 아버지 아브라함을 막벨라 굴에 장사 지냈습니다.

> "그의 아들들인 이삭과 이스마엘이 그를 마므레 앞 헷 족속 소할의 아들 에브론의 밭에 있는 막벨라 굴에 장사하였으니"(창25:9절)

이 막벨라 굴은 아브라함이 헷 족속에게 산 밭입니다(10절). 창세기23장에서 아브라함이 그의 아내 사라가 죽었을 때 사라를 위하여 그리고 그 뒤를 따라갈 자신을 위해 이미 구입해 놓았던 곳입니다.

> "이것은 아브라함이 헷 족속에게서 산 밭이라 아브라함과 그의 아내 사라가 거기 장사 되니라"(창25:10절)

그러나 아브라함은 무덤만 준비한 것이 아닙니다. 8절을 보면 아브라함의 육체는 막벨라 굴에 들어갔지만 그의 영혼은 자기 열조로 돌아갔다고 했습니다.

"그의 나이가 높고 늙어서 기운이 다하여 죽어 자기 열조에게로 돌아가매" (창25:8절)

열조에게로 돌아갔다는 의미가 무엇입니까? 사실 이 말은 한 사람의 죽음에 대한 관용적 의미가 일차적인 뜻입니다. 그러나 이 의미 속에는 성도의 죽음이 인간 영혼의 최종적 결말이 아니라 앞서 죽은 선조들과 만나는 또 하나의 시작이며 하나님 품 안에 들어가는 '복된 출발점'이라는 것을 의미하는 것입니다.

누가복음16장에 보면 부자와 거지 나사로 이야기가 나옵니다. 거지가 죽어 천사들에게 받들려 천국에 갔는데 그것을 '아브라함의 품에 들어갔다(눅16장22절).'고 표현합니다. 무슨 말입니까? 아브라함이 천국에 즉 하나님 품 안에 있다는 의미가 아니겠습니까?

정리하면 아브라함이 열조로 들어갔다는 것은 아브라함은 죽음 전에 죽음 후에 삶을 미리 준비했기 때문에 하나님 계신 천국으로 들어간 것을 말합니다. 당신은 어떻습니까? 당신은 준비되셨습니까?

저는 이런 이야기를 할 때마다 생각나는 두 가지 이야기가 있습니다. 이탈리아의 우르바노 대학교 정문에는 [그 다음엔 또 어떻게?]라는 간판이 달려 있습니다. 거기엔 이런 일화가 있습니다.

오래 전 이 대학의 가난한 법대생 한 사람이 등록금을 낼 수 없어 당시 자선가였던 빌리공이란 사람을 찾아가 도움을 요청하였습니다. 딱한 사정을 들은 빌리공은 학생에게 이렇게 물었습니다. "내가 학생에게 장학금을 준다면 어떻게 하겠나?" 학생은 자신 있게 대답했습니다. "네 열심히 공부해서 훌륭한 변호사가 되어 가난한 사람들을 위한 변호를 하겠습니다."

빌리공은 다시 물었습니다. "그 다음엔 또 어떻게 하겠나?" "네 그 다음엔 결혼을 하고 자녀를 낳아 가정을 이루겠지요." "그러면 그 다음엔 또 어떻게 하겠나?" "네 그때는 저도 많은 돈을 모았을 테니까 가난한 이들을 도우며 살겠습니다."

그러자 또 묻습니다. "그 다음엔 또 어떻게 하겠나?" "이제 나이도 많이 먹고 사회적 지위도 생기게 될 테니 저의 꿈대로 대학을 하나 세워 후진들을 양성하고 싶습니다." "그 다음엔 또 어떻게 하겠나?" 한참 생각하다가 머뭇거리며 대답합니다. "그 다음엔..........뭐.......... 죽겠지요."

그러자 빌리공은 다시 묻습니다. "그 다음엔 또 어떻게 하겠나?" 학생은 아무 말도 못했습니다. 그 후 학생은 죽음 이후의 삶에 대한 진지한 구도자가 되었고 이 땅에 삶이 다가 아닌 죽음 이 후에 영원한 세상이 있음을 발견하게 되었습니다. 그리고 그가 성공하여 그 대학의 총장이 되어 정문에 "그 다음엔 또 어떻게?"라는 간판을 세웠다고 합니다.

당신은 이렇게 인생을 살고 있지 않습니까? 어떻게 보면 잘 사는 것 같지만 이 짧은 인생이 끝난 뒤에 일어날 일에 대해서는 아무런 대책이 없는 인생 말입니다. 사람들은 인생이 정말 짧다고 말합니다. 어느새 이렇게 나이가 들었습니다. 자녀들이 이렇게 자랐습니다. 그것은 당신에게 그만큼 죽음이 다가오고 있다는 것입니다. 그 다음엔 또 어떻게 하시겠습니까?

또 하나 생각나는 이야기는 크리스마스 추리입니다. 제가 어렸을 적 크리스마스가 되면 크리스마스 츄리를 준비하러 산으로 갔습니다. 톱을 하나 들고 산에 가서 보기 좋은 나무를 베어 옵니다. 그리고 베어진 나무를 큰 화분에 심고 물을 줍니다. 하룻밤을 밖에 놓으면 화분이 꽁꽁 얼어 나무가 마치 화분에 심겨진 살아 있는 나무 같습니다.

그리고 나무를 예쁘게 장식합니다. 양말, 선물, 별, 방울, 솜, 그리고 반짝이는 전구까지 달고 나면 너무나 예쁜 추리가 됩니다. 나무가 예쁘게 장식이 되었지만 이 나무를 살았다 하는 사람은 없습니다. 왜냐하면 뿌리에서 잘려 나간 순간 그 나무는 죽었기 때문입니다.

성경은 하나님이 우리를 구원하시기 전에 우리는 허물과 죄로 죽은 자였다고 말씀하십니다(엡2장1절). 마치 뿌리에서 잘린 크리스마스 추리처럼 우리 영혼의 근원이신 하나님과 관계가 끊어진 사람은 죽은 존재라는 것입니다.

죽은 크리스마스 추리에 아무리 아름다운 것들을 장식한다고 살아납니까? 크리스마스 시즌이 지나고 1월 중순 어느 날 우린 그 나무에 장식된 모든 것을 떼어 내고 주일날 교인들 점심 식사인 떡국을 끓이는 땔감으로 나무를 태워 버립니다.

마찬 가지입니다. 하나님과의 관계가 끊어져 죽은 존재라면 그에게 아무리 좋은 직장, 아무리 좋은 자동차, 아무리 좋은 집, 아무리 좋은 그 무엇을 소유한다 해도 의미가 없는 것입니다.

성경은 죽음 후에 심판이 있다고 선언합니다(히9장27절). 당신은 그날의 심판 앞에 설 준비가 되셨습니까? 이것이 준비 되지 않았다면 당신은 죽음을 위해 가장 중요한 것을 준비하지 못한 것입니다. 영원한 생명을 준비하십시오. 그것이 가장 중요한 준비입니다.

"한번 죽는 것은 사람에게 정해진 것이요 그 후에는 심판이 있으리니"(히 9:27절)

셋째, 떠난 후에 남은 사람을 축복해야 합니다.

아브라함은 떠난 후의 중요한 또 하나의 의미는 그가 떠난 후 이삭에게 축복을 유통하고 있다는 것입니다. 11절을 보면 아브라함이 죽은 후에 하나님이 그의 아들이삭에게 복을 주셨다고 말씀하셨습니다.

> "아브라함이 죽은 후에 하나님이 그의 아들이삭에게 복을 주셨고 이삭은 브엘라 헤로이 근처에 거주하였더라"(창25:11절)

아브라함의 아들이라고 표현하는 것은 아브라함과의 연계성을 의미하는 것입니다. 아브라함이 죽은 후에 하나님은 아브라함의 아들이삭에게 아브라함에게 주신 축복을 그대로 이어 주신다는 것입니다. 아브라함에게서 이삭에게 하나님의 약속이 이어지고 아브라함의 복이 그대로 이어진다는 것입니다. 아브라함은 이렇게 남은 사람에게 축복을 계승하고 떠난 것입니다.

성경에 인생을 마무리하면서 남은 자를 축복하는 모습이 많이 나옵니다. 엘리야는 성령의 영감을 갑절이나 달라는 엘리사를 축복하고 인생을 마무리합니다. 창세기49장에서 야곱은 열두 아들을 축복하고 인생을 마무리 했습니다.

사실 누군가를 축복하는 것은 하나님께 받은 우리의 특권이며 의무입니다. 하나님께서 당신의 형상대로 인간을 지으시고 그 인간에게 처음으로 하신 사역이 무엇입니까? 축복하시는 것입니다.

> "하나님이 그들에게 복을 주시며 하나님이 그들에게 이르시되 생육하고 번성하여 땅에 충만하라, 땅을 정복하라, 바다의 물고기와 하늘의 새와 땅에 움직이는 모든 생물을 다스리라 하시니라"(창1:28절)

왜 하나님께서 생육하고 번성하여 땅에 충만하라, 정복하고 다스리라 하시겠습니까? 정복하고 다스리는 것을 부정적으로 생각하면 안 됩니다. 누가 정복하고 누가 다스리느냐에 따라서 달라집니다. 하나님은 우리가 축복이 되게 다스리라는 것입니다.

우리 그리스도인은 생육하고, 번성하여 땅에 충만해야 합니다. 돈을 많이 버십시오. 높은 자리에 올라가십시오. 당신의 영향력을 키우십시오. 그래서 정복해야 합니다. 다스려야 합니다. 선한 영향력을 끼치며 다스리고, 축복의 통로가 되도록 다스려야 합니다.

왜, 세월호 같은 엄청난 참사가 일어나 수많은 부모들이 눈물을 흘리고 나라가 혼란스러워졌습니까? 선한 영향력을 가진 그리스도인들이 그 자리를 정복하고 그곳을 다스렸다면 달라졌을 것입니다. 선장의 자리에 축복의 통로가 될 수 있는, 선한 영향력을 끼칠 수 있는 그리스도인이 있었다면 상황이 달라지지 않았겠습니까?

우리가 생육하고, 번성하여 땅에 충만해야 합니다. 그래서 이 땅에 축복을 전하며 다스려야 합니다. 그것이 민족을 치유하고 세상을 변화시키는 우리의 비전입니다.

군에 있을 때 섬긴 대대장님이 한 분 계십니다. 그분은 만나는 사람마다 "너, 나 만나서 행복하냐?"하고 물으시는 것입니다. 대대장님이 묻는데 누가 행복하지 않다고 하겠습니까? 늘 행복하다고 대답합니다. 그때는 그런 대대장님이 싫어서 살살 피해 다녔습니다.

그런데 신학교에 가고 목회자가 되면서, 그리고 결혼을 하고, 자녀를 낳고, 대대장님이 말씀하시던 '너, 나 만나서 행복하냐?'라는 말이 저에게 늘 기억되는 말이 되었습니다. '나를 만나 우리 교회 식구들이 행복할까?' '나를 만나 내 아내가 행복할까?' '나를 만나 우리 아들들이 행복할까?' '나는 이렇게 다른 사람을 행복하게 해주는 축복의 통로로 살아가고 있을까?'

당신을 만나 당신의 남편이, 당신의 아내가, 당신의 자식이, 목장식구가, 직장동료가 행복합니까? 당신 때문에 축복을 경험하고 있습니까? 혹시 나를 만나서 그들이 마땅히 받아야 할 축복의 삶을 누리지 못하고 있지는 않습니까? 아브라함은 그의 인생을 마무리하면서 사랑하는 아들에게 축복을 남겨놓았습니다.

우리도 하나님의 자녀답게 축복을 남겨 주는 삶이 돼야 하지 않겠습니까? 마지막까지 선한영향력을 끼치는 인생이 되어야 하지 않겠습니까? 아니 오히려 떠난 그 자리에서 더 많은 축복을 남겨야 하지 않겠습니까?

서두에 말씀드린 소설가 알렉산더 듀마의 말처럼 오늘 우리가 축복하는 사람이 되지 않으면 우리 인생의 마지막에 축복할 수 없습니다. 당신의 인생의 마지막에 누군가를 저주하고 마감한다면, 누군가와 원수를 맺고 마감한다면, 얼마나 비참한 인생입니까? 오늘 축복하는 인생이 되십시오. 당신은 당신이 살다간 자리가 어떻게 남겨지길 원하십니까? 지금 이대로 마무리 돼도 괜찮겠습니까?

한번 상상해 보시기 바랍니다. 아름다운 벚꽃이 활짝 핀 가로수 길, 벚꽃들이 흩날리는 길을 걷고 있습니다. 얼마를 지났는데 사람들이 모여 있는 모습을 보게 되었습니다. 장례식이 진행되고 있습니다.

사람들이 관을 둘러싸고 있고 목사님께서 집례를 하고 있습니다. "사랑하는 아버지를 보내며 가족을 대표해서 딸이 조사를 낭독하겠습니다." 하는 목사님의 말씀에 이어 딸은 아버지가 자신을 위해 어떻게 사랑해주셨는지 지난 일들을 이야기 하다 눈물을 흘리며 말을 잇지 못합니다. 이어서 친구가, 그리고 교인 대표가 고인과의 추억을 이야기하며 진심으로 고인의 죽음을 슬퍼하며 조사를 낭독합니다.

생각해보십시오. 만일 그 장례식에 당신이 그 관에 누워 있다면 어떨 것 같습니까? 당신의 가족이, 교인들이, 당신을 아는 사람들이 당신의 죽음에 대하여 어떻게 평가할 것 같습니까? 당신은 그들에게 축복이 되어 주셨습니까?

CHAPTER 13

죽음 – 여행의 마무리

+ Abraham + + + + + + Abraham

아브라함은 어떻게 인생을 마무리 했는지 궁금하지 않습니까? 아브라함의 인생 마무리를 함께 살펴보며 우리의 인생에 마무리를 어떻게 하면 좋을지 생각해봐야 하겠습니다. 선한영향력을 끼친 비저너리는 어떻게 인생을 마무리해야 할까요?

첫째, 떠난 후에 남은 자리가 깨끗해야 합니다.

할 수 있다면 죽음마저도 아름답게 죽을 수 있도록 준비된 삶을 살아야 합니다. 선한 영향력을 나타내는 삶을 살다가 죽음마저도 선한 영향력을 나타내는 죽음이 되기 위해 지금 내 삶의 자리에서 기도하고 준비하며 살아야 합니다.

둘째, 떠난 후에 머물 자리를 준비해야 합니다.

성경은 죽음 후에 심판이 있다고 선언합니다(히9:27절). 당신은 그날의 심판 앞에 설 준비가 되셨습니까? 이것이 준비 되지 않았다면 당신은 죽음을 위해 가장 중요한 것을 준비하지 못한 것입니다. 영원한 생명을 준비하십시오. 그것이 가장 중요한 준비입니다.

셋째, 떠난 후에 남은 사람을 축복해야 합니다.

아브라함은 그의 인생을 마무리하면서 사랑하는 아들에게 축복을 남겨놓았습니다. 우리도 하나님의 자녀답게 축복을 남겨 주는 삶이 돼야 하지 않겠습니까? 숨이 있는 마지막까지 선한영향력을 끼치는 인생이 되어야 하지 않겠습니까? 아니 오히려 떠난 그 자리에서 더 많은 축복을 남겨야 하지 않겠습니까?

생각해보기

1. 당신의 죽음은 어떤 모습이기를 원하십니까? 그것을 위해 무엇을 준비하고 있는지 생각해 봅시다.

2. 당신은 죽음 후에 영원한 삶을 준비했습니까? 당신의 구원 간증을 생각해 봅시다.

3. 당신이 떠난 후에 남은 이들은 당신의 죽음을 무엇이라 평가할 것 같습니까? 생각해 봅시다.

에필로그

1 아브람이 구십구 세 때에 여호와께서 아브람에게 나타나서 그에게 이르시되 나는 전능한 하나님이라 너는 내 앞에서 행하
여 완전하라 2 내가 내 언약을 나와 너 사이에 두어 너를 크게 번성하게 하리라 하시니 3 아브람이 엎드렸더니 하나님이 또
그에게 말씀하여 이르시되 4 보라 내 언약이 너와 함께 있으니 너는 여러 민족의 아버지가 될지라 5 이제 후로는 네 이름을
아브람이라 하지 아니하고 아브라함이라 하리니 이는 내가 너를 여러 민족의 아버지가 되게 함이니라 6 내가 너로 심히 번성
하게 하리니 내가 네게서 민족들이 나게 하며 왕들이 네게로부터 나오리라 7 내가 내 언약을 나와 너 및 네 대대 후손 사이에
세워서 영원한 언약을 삼고 너와 네 후손의 하나님이 되리라 8 내가 너와 네 후손에게 네가 거류하는 이 땅 곧 가나안 온 땅
을 주어 영원한 기업이 되게 하고 나는 그들의 하나님이 되리라 9 하나님이 또 아브라함에게 이르시되 그런즉 너는 내 언약
을 지키고 네 후손도 대대로 지키라 10 너희 중 남자는 다 할례를 받으라 이것이 나와 너희와 너희 후손 사이에 지킬 내 언약
이니라

창17:1-10절

다시 걷는 비전여행

7전8기란 말이 있습니다. 사전적인 의미는 일곱 번 넘어지고 여덟 번 일어난다는 뜻으로, 여러 번 실패하여도 굴하지 않고 꾸준히 노력하고 분투하는 사람이나 그러한 정신을 비유적으로 이르는 말입니다.

이 말은 어떤 장군이 여섯 번이나 패전의 쓴잔을 마시고 산속에 들어가 풀뿌리를 캐먹으면서 살았는데 하루는 지붕 끝에 거미가 줄을 치고 있는 것을 발견하고 무심코 거미줄을 끊었습니다. 그런데 거미는 조금 후에 또 줄을 치더랍니다. 또 끊었더니 또 치고 자그마치 일곱 번을 끊어도 거미가 또 줄을 치는 것을 보고 장군은 거미에게서 포기하지 않고 다시 도전하는 인내를 봅니다. 그리고 '내가 거미만도 못 하구나. 다시 일어나자.'하고 출정하여 승리한 것에서 유래 했다고 합니다.

문득 하나님께서 7전8기의 하나님이라는 생각이 들었습니다. 왜냐하면 아브라함을 보세요. 아브라함이 창세기22장에서 이삭을 드리는 마지막 시험에 통과하여 믿음을 하나님께 인정받기까지 얼마나 많은 시간을 휘청대고 흔들렸습니까? 그러나 그렇게 흔들리는 아브라함을 하나님은 끝까지 포기하지 않으시고 믿음의 조상으로 세워 가셨습니다.

그래서 어떤 목사님은 [하나님의 열심]이란 말을 했습니다. 아브라함 한 사람을 믿음의 사람으로 만들어지기까지는 하나님의 열심이 있었다는 것입니다. 날마다 흔들리는 아브라함을 하나님은 다시 일으키시고 때론 징계하며 때론 달래며 하나님의 사람으로 만들어 가신 것입니다.

본문도 비전여행을 포기하고 주저앉은 아브라함을 다시 일으키시고 다시 걷게 하시는 하나님의 열심을 소개하고 있습니다. 아브라함이 인간의 소리를 듣고, 인간의 시간에 인간의 방법을 통해 하나님의 약속을 떠나 이스마엘을 낳은 것이 86세였습니다.

"하갈이 아브람에게 이스마엘을 낳았을 때에 아브람이 팔십육 세였더라" (창16:16절)

그리고 아브라함의 나이 99세에 하나님께서 다시 나타나셨습니다.

"아브람이 구십구 세 때에 여호와께서 아브람에게 나타나서"(창17:1절)

정리해보면 16장에서 86세에 이스마엘을 낳고 본문에 99세가 되었는데 성경은 13년의 시간에 대하여 아무런 언급이 없습니다. 이 13년 동안 아브라함에게 어떤 사건이 있었는지 우리가 알 수 없지만 추측해 본다면 아마도 아브라함은 새롭게 태어난 이스마엘을 기르며 아들이 주는 기쁨에 빠져 있었던 것 같습니다.

그렇게 생각할 수 있는 근거가 아브라함에게 다시 나타나신 하나님께서 약속의 아들인 이삭을 낳을 것이라 하실 때 아브라함은 하나님께 [이스마엘이나] 하나님 앞에 잘 살게 해달라고 요구합니다.

"아브라함이 이에 하나님께 아뢰되 이스마엘이나 하나님 앞에 살기를 원하나이다"(창17:18절)

[이스마엘이나] 라는 말 속에서 아브라함이 더 이상 하나님의 약속에 대한 생각이 없다는 것을 알 수 있습니다. 이스마엘이나 축복해 달라는 것입니다. 이스마엘로 족하다는 것입니다. 이스마엘을 기르는 즐거움에 빠진 아브라함은 하나님의 약속을 향한 비전여행을 포기하며 13년이란 세월을 낭비하고 있는 것입니다.

사람의 소리를 듣고 사람의 때에 사람의 방법으로 얻은 인간적인 기쁨인 이스마엘 때문에 하나님의 말씀에 불순종하는 13년의 삶을 살았던 것입니다. 아브라함은 잘못된 자기만족을 누리고 있었습니다. 하지만 하나님은 아브라함을 통해 이루어야 할 하나님의 뜻이 있었습니다. 그래서 13년을 기다리신 후에 다시 나타나신 하나님은 아브라함에게 비전여행을 새롭게 시작할 것을 격려하십니다.

그리고 하나님은 약속을 더 구체적으로 말씀하시고 지난날과 같은 실수가 없도록 본문 1절과 3절 그리고 9절에서 [이르시되] 로 시작하는 세 가지를 요구하십니다. 다시 비전의 길을 걷게 하시는 하나님께서 아브라함에게 요구하시는 세 가지가 무엇일까요? 포기한 비전을 다시 붙잡고 새롭게 시작하는 이에게 하나님이 요구하시는 것은 무엇일까요?

|첫째, 완전한 삶을 향해 달리는 사람이 되라는 것입니다.

13년의 침묵을 깨고 다시 나타나신 하나님께서 아브라함에게 하신 첫 번째 [이르시되]로 시작하는 요구는 하나님 앞에서 행하여 완전 하라는 것입니다.

> "아브람이 구십구 세 때에 여호와께서 아브라함에게 나타나서 그에게 이르시되 나는 전능한 하나님이라 너는 내 앞에서 행하여 완전 하라"(창17:1절)

우리가 하나님과의 약속이 정상적으로 회복되고 복된 삶이 되기 위해서 하나님께서 요구하시는 것은 하나님 앞에서 완전해야 한다는 것입니다. 우리가 다시 비전여행을 시작하려면 하나님 앞에서 완전해야 합니다.

그런데 문제는 우리 인간이 하나님 앞에 완전할 수 있냐는 것입니다. 우리가 하나님 앞에 완전할 수 없다는 것은 누구보다도 우리 자신이 잘 알고 있습니다. 우리는 죄 아래 태어나서 죄의 본성을 갖고 있기 때문에 인간이 하나님 앞에서 완전해지려는 자체가 어리석은 일입니다.

그렇다면 하나님께서 아브라함에게 무리한 요구를 하신 것입니까? 이렇게 설명할 수 있을 것 같습니다. 저는 요즘 아이들을 키우면서 제 어렸을 때 모습을 생각합니다. 제가 그래도 가장 많이 탈선했던 때는 중학교 2학년 때입니다. 어머니께는 도서관에 간다 하고 도서관에 책만 놓고 친구들과 함께 시내를 활보하며 어둠의 길을 다녔습니다.

지금도 기억나는 것이 여자 목욕탕을 훔쳐본다고 나무 상자를 쌓고 친구 목에 올라 창문으로 훔쳐보려다 주인아저씨한테 들켜 목욕탕은 보지도 못하고 도망하다 넘어져 무릎이 깨지고 아팠던 기억입니다.

그때 제가 반장이었는데 체육대회 날 저희 반이 예선에서 다 떨어져 할 일이 없었습니다. 친구들하고 몰래 빠져 나와 시장 골목에 가서 떡볶이 사먹고 놀다가 들어 왔는데 너무 늦게 들어 온 것입니다.

체육대회를 마치고 마지막 정리체조를 하는데 반장인 제가 없어서 부반장이 앞에서 체조하게 되었습니다. 그것을 보신 담임선생님이 알게 되어 그날 정말 제 생애 최고로 많이 맞았습니다. 여자선생님이셨는데 5-60대 정도 맞은 것 같습니다.

남자답게 맞는다고 맞을 때 요동하지 않고 서 있었던 것이 선생님이 보실 때는 반항하는 것처럼 여겨지셨나 봅니다. 한 50대 맞고 몸을 좀 비틀고 아픈 것을 표현했더니 선생님께서 그때서야 멈추시는 것입니다. 선생님께서 저를 개인적으로 불러 이야기 하시면서 우셨던 기억이 있습니다.

매일 오락실 다니고 친구들과 그룹으로 다니다 선배들한테 맞기도 하고 소풍날 물병에 소주를 담아 먹다가 걸려 엄청 맞은 친구들 가방 들어 주며 위로하기도 하고....... 지금 생각하면 좋은 추억으로 기억 됩니다.

그런 과거가 있기 때문에 저희 큰 아들이 그 만할 때 하는 잘못들을 잘 이해해 주고 그럴 수 있다고 여유 있게 생각합니다. 하지만 마음 한편으론 이런 생각이 듭니다. '그래도 아들이 작은 잘못도 없이 흠 없이 자라 줬으면……'

저는 아브라함에게 완전하라고 요구하시는 의미가 이런 마음이라고 생각합니다. 하나님은 우리가 부족하다는 것을 다 아십니다.

날마다 주님 말씀대로 살기로 결심하지만 얼마 가지 않아 여지없이 무너지는 우리를 다 아십니다.

그래도 하나님은 우리가 더 바르게 살아 줬으면 하는 바람이 있으십니다. 죄 가운데 거하는 삶이 우리 인생을 황폐하게 만들고 아프게 만들기 때문에 그리고 거룩하게 말씀대로 사는 삶이 더 행복한 삶이기 때문에 하나님은 우리가 더 완전한 삶을 살아 내길 기대하시는 것입니다.

|신앙생활은 완전을 향해 달려가는 것입니다.

사실 신앙생활은 완전을 향해 달려가는 것이라 할 수 있습니다. 바울은 푯대를 향하여 달려간다고 말합니다(빌3장14절).

> "푯대를 향하여 그리스도 예수 안에서 하나님이 위에서 부르신 부름의 상을 위하여 달려가노라"(빌3:14절)

항상 죄와 함께 살지만 하나님께 나와서 회개하고 또 넘어질지라도 다시 하나님께 나와 회개하고 더 주님 닮은 완전한 삶을 향해 달려가는 것이 신앙생활입니다.

그렇게 살 수 있도록 하나님께서 요구하시는 것이 "하나님 앞에서 행하며 살라(1절)"는 것입니다. 내가 지금 하나님 앞에 있다는 신전의식을 가지고 살라는 것입니다. 우리가 날마다 하나님 앞에 있다는 것을 의식하고 산다면 우리 삶이 더 거룩해지고 완전해지지 않겠습니까? 저는 이것이 하나님께서 아브라함에게 요구하신 완전이라고 생각합니다.

성가대 반주를 하는 다예가 어느 날 "목사님!" 하고 저를 부르더니 애교 섞인 웃음과 함께 손을 제 배에 올려놓더니 하는 말이 "목사님! 배에 농구공이 들었나 봐요." 하는데 재미있기도 하고 귀엽기도 해서 박장대소하고 웃었습니다.

그런데 요즘 제 배가 들어가고 있습니다. 비결이 뭔지 아십니까? 운동을 시작했습니다. 그 운동 중에 하나가 기마자세하고 서있기입니다. 혼자 있을 때면 수시로 기마자세로 서있습니다. 특별히 엘리베이터를 타고 잠깐의 시간이지만 절대로 놓치지 않고 기마자세를 취합니다.

엊그제도 아파트 엘리베이터에서 20층 저희집까지 올라가면서 기마자세를 하고 있는데 문득 이런 생각이 들었습니다. 관리실 직원들이 CCTV로 이런 나를 보면 '이 사람이 웃긴 사람이구만!' 하고 생각하겠다 싶어서 혼자 웃었습니다.

엘리베이터에 타면 아무도 없지만 CCTV 카메라가 의식이 되는 것입니다. 한 자매는 엘리베이터 안에서 제일 거룩하다고 웃으며 하는 소리를 들었습니다. 우리가 CCTV를 의식하듯이 우리 일상에서 하나님을 의식하고 살아 갈 수만 있다면 우리 삶은 하나님께서 말씀하신 완전한 삶이 되지 않을까요?

하나님 앞에서 행하지 못하고 하나님의 약속을 떠난 아브라함을 향하여 다시 비전여행을 시작하길 바라시는 하나님의 첫번째 요구는 완전한 삶을 향해 달리는 사람이 되라는 것입니다.

|둘째, 더 큰 영향력을 끼치는 사람이 되라는 것입니다.

첫 번째 [이르시되]는 1절에서 하나님 앞에서 행하여 완전 하라는 요구였는데 두 번째 [이르시되]는 3절에 나타납니다.

> "아브람이 엎드렸더니 하나님이 또 그에게 말씀하여 이르시되"(창17:3절)

갑자기 나타난 하나님으로 인해 아브라함이 놀랐을 것입니다. 그래서 그는 하나님 앞에 엎드렸습니다. 그때 하나님께서 여러 민족의 아버지가 될 것을 말씀하셨습니다.

> "보라 내 언약이 너와 함께 있으니 너는 여러 민족의 아버지가 될지라"(창17:4절)

그리고 하나님은 [존귀한 아버지]란 뜻을 가진 아브람을 [여러 민족의 아버지]란 뜻을 가진 아브라함으로 이름을 바꾸어 주십니다.

"이제 후로는 네 이름을 아브람이라 하지 아니하고 아브라함이라 하리니 이는 내가 너를 여러 민족의 아버지가 되게 함이니라"(창17:5절)

사람들이 언제 이름을 바꿉니까? 사람들이 이름을 바꾸고 싶은 것은 아마도 두 가지 경우일 것입니다. 자기 이름이 마음에 안 드는 경우 아니면 새로운 변화를 가지고 새 출발을 하고 싶은 경우일 것입니다.

한 목사님의 책에서 친구의 이름을 소개한 내용을 보았습니다. 딸만 다섯인 가정에 아들을 낳으려고 정성을 드려 여섯째를 낳았는데 또 딸이었습니다. 그래서 아버지가 분해서 이름을 [김분해]라고 지었다고 합니다.

다시 새로운 마음으로 부모님들이 정성을 드려 여섯째를 낳았는데 또 딸을 낳았습니다. 아버지는 너무나 원통했습니다. 그래서 이름을 [김원통]이라고 지었다고 합니다. 이런 경우라면 아마도 이름을 바꾸고 싶을 것입니다.

그러나 어떤 사람은 새로운 변화를 위해 이름을 바꾸고 싶은 분도 있을 것입니다. 아브라함에게 하나님은 새로운 출발을 원하셨습니다. 13년 동안 멈추고 있었던 비전 여행을 다시 출발하길 원하셨습니다. 그래서 하나님은 아브라함의 삶에 변화를 위해 이름을 바꾸십니다.

아브람-[존귀한 아버지]에서 아브라함-[여러 민족의 아버지]로 바꾸신 하나님의 의도는 무엇일까요? 존귀한 아버지 즉 한 사람의 존경받는 아버지가 아니라 여러 민족의 아버지가 되라는 것입니다. 그래서 두번째 [이르시되]는 축복의 통로가 되어 영향력을 확대해 가라는 것입니다.

사실 그것이 아브라함을 처음 부르실 때 하신 말씀과 같은 것입니다. 하나님께서 아브라함을 처음 부르실때 큰 민족을 이루고 하나님이 주신 복으로 다른 사람에게 복이 되어 주라고 말씀하셨습니다(창12장2절). 축복의 통로가 되라는 것입니다. 그리고 본문은 그 영향력을 더 확대하라는 것입니다.

그것이 오늘 우리에게 주시는 말씀입니다. 우리가 그리스도인이라면 우리 삶에 선한 영향력을 확대해 가야 합니다. 축복의 통로로 살아야 합니다. 우리가 어떻게 영향력을 확대하며 축복의 통로가 될 수 있을까요?

우리는 말로 축복을 전할 수 있습니다. 저는 우리 그리스도인들의 인사 가운데 "주의 이름으로 축복합니다." 하는 인사가 참 좋다고 생각합니다. 당신이 만나는 사람마다 축복해주세요. 한번 사는 인생, 오래 살지도 못하는 인생 아웅다웅 다투며 살면 뭐하겠습니까? 축복해주세요. 미워하며 다투고 얼굴 안보고 살면 편합니까? 축복하며 사시기 바랍니다.

가정에서도 그래요. 사랑하자고 결혼해서 사는데 축복해주세요. 살다보니 어그러진 것도 있고 꼬인 것도 있지만 하나하나 다시 풀어 간다면 못 풀 것이 어디 있겠습니까? 축복하는 것에서 다시 시작 하십시오.

더구나 사랑하면서 살아 보자고 교회까지 나왔는데 교회 안에서 미워하면 되겠습니까? 축복해주세요. 주를 위해 봉사하는 좋은 일을 하면서 시기하고 질투하고 미워하면서 죄 지으면 되겠습니까? 좋은 일을 좋은 일 되게 하세요. 축복해주시기 바랍니다.

그렇게 우릴 행복하게 해주던 아이들이 자라면서 점점 우리 마음을 아프게 합니다. 그러나 무엇이 우리 자녀들을 바르게 세워 갈 수 있겠습니까? 내 마음에 미움을 가지고 자녀를 대하면 인간은 영적인 동물이라 말하지 않아도 미움은 다 전달되는 것입니다.

미움을 받은 화초도 말라비틀어지고, 미움을 받고 자란 짐승도 포악해지는데 미움을 먹고 자란 아이가 건강하게 자라겠습니까? 부모의 말에서부터 자녀의 인생은 결정 지어 지는 것입니다. 마음 깊은 곳에서부터 축복해주세요.

또 우리는 기도로 축복의 통로가 될 수 있습니다. 자녀를 위해 하나님께 복을 달라고 기도하십시오. 남편과 아내를 위해, 부모님을 위해 하나님께 복을 달라고 기도하십시오. 목장 식구를 위해, 목회자들을 위해, 나라와 민족을 위해 기도하십시오. 우리는 기도로 축복을 전할 수 있습니다.

우리는 작은 섬김을 통해 축복의 통로가 될 수 있습니다. 목자님 가정에 심방을 갔습니다. 심방을 마치고 나와 엘리베이터를 기다리는데 목자님의 아내가 요즘 앞집하고 좋은 교제를 나누고 있다고 합니다.

앞집도 아이가 둘이 있는데 비슷한 또래라서 말도 잘 통하고 서로 반찬을 하면 문고리에 걸린 우유주머니에 넣어 주며 재미있게 교제를 한다고 합니다. 그러면서 하는 말이 아직 신앙생활을 안 해서 전도하려고 한다는 것입니다. 기특했습니다. 잘 섬기라고 격려 해주었습니다.

요즘 제자훈련을 하면서 일주일에 세 가지씩 다른 사람에게 관심을 표현하기 훈련을 합니다. 의도적으로 다른 사람을 위해 봉사하고 섬겨주는 훈련을 하는 것입니다. 남자들은 그런 것을 써서 발표하냐고 하는 분도 있지만 세탁기 한 번 안 돌리던 안수집사님이 아내를 섬기겠다고 세탁기를 돌리셨다는 것입니다. 우리의 작은 섬김을 통해 가정이, 직장이 변할 수 있습니다.

그런데 문득 우리 교회 전체가 이런 캠페인을 해야겠다는 생각이 들었습니다. 우리 교인 전체가 주변의 이웃들에게 그리스도의 사랑으로 일주일에 세 번만 섬긴다면 우리 교회를 통해 선한 영향력을 끼칠 수 있지 않겠습니까?

우리는 물질을 통해서 축복의 통로가 될 수 있습니다. 내가 많아서가 아니라 내가 하나님께 받은 은혜가 있다면 그것을 나누고 싶지 않습니까? 교회는 사랑의 쌀 500*kg* 모으기 운동을 하고 있습니다. 마트에 가서 쌀을 살 때 연약한 이들을 생각하면서 5*kg*짜리 쌀을 하나 더 사서 교회에 모아 전달하자는 것입니다. 방법은 여러 가지입니다. 누군가에게 축복의 통로가 되어 주십시오.

요즘 네티즌들 사이에 관심이 일고 있는 한 분을 소개하려고 합니다. 한때 북한이 기독교인인 이분의 삶을 주제로 영화를 만든다고 해서 화제가 되기도 했습니다. 북한에서는 사회사업가로 잘 알려진 이분의 이름 아닌 이름은 백선행입니다.

1848년 가난한 농부의 딸로 태어났지만 7세에 아버지가 죽고 어려운 살림 때문에 14세에 가난한 농부에게 시집을 갔지만 남편은 병약한 사람이었습니다. 가난한 형편에 약을 구하지 못해 자신의 왼 손가락을 칼로 그어 피를 입에 넣어 주기도 했지만 그녀는 나이 16세에 과부가 되었습니다.

하지만 그녀는 어려운 처지를 비관하지 않고 콩나물 장사부터 길쌈, 삯바느질을 하면서 푼푼히 돈을 모았습니다. 모아진 돈으로 땅을 사서 그 땅을 소작시키고 벌어들인 소작료를 가지고 다시 땅을 사며 재산을 조금씩 늘려 갔습니다.

어느 날 시부모님과 남편의 묘지를 위해 선산을 구입하려고 친척의 도움으로 대동강변 만달산 일대를 샀을 때 백과부는 감격에 눈물을 흘렸습니다. 그런데 막상 남편의 무덤을 이장하기 위해 갔더니 그 산은 나무 한 그루 심을 수 없는 바위산이었습니다. 사기를 당한 것입니다.

사람들은 백과부가 사기를 당해 망했다고 소문을 내고 다녔습니다. 그러나 믿음이 좋았던 백과부는 이것을 하나님의 섭리로 받아들이고 돌산에 무릎을 꿇고 오히려 하나님께 감사 기도를 드렸다고 합니다.

그런데 어느 날 일본인 사업가가 대동강에 다리를 놓으려는 계획으로 시멘트 공장을 세우려고 지질조사를 하던 중에 백과부의 만달산이 석회암이 매장된 것을 알고 삼백 냥에 산을 팔라고 요구합니다. 그러나 그녀는 거절을 하고, 다시 천 냥을 준다고 하지만 거절을 합니다.

사업가 오노다는 이 사람이 석회암 산인 것을 알고 배짱을 부린다 생각해서 그녀가 산 가격의 백 배인 이만 냥을 준다고 하지만 또 거절을 당합니다. 고민하던 오노다는 백과부가 교회에 다니는 신앙인으로 목사님의 말에 순종한다는 정보를 입수하고 목사님을 찾아가 부탁 합니다.

목사님이 백과부를 찾아가 왜 산을 팔지 않느냐고 물었더니 백과부가 하는 말이 "목사님 내가 속아서 그 산을 이백 냥에 사서 망했는데 다른 사람이 아무것도 모르고 그런 산을 이만 냥이나 주고 산다면 그 사람이 분명히 망하게 될 텐데 어떻게 팔겠습니까? 예수님을 믿는 제 양심으로 나 혼자 망해야지 다른 사람을 망하게 할 수는 없습니다." 하고 말합니다. 목사님은 자초지정을 설명하고 결국 그녀는 이만 냥에 그 산을 팔았다고 합니다.

갑자기 돈이 생기면 그 돈을 어떻게 하지 못해 잘못된 것에 빠지게 되는 경우가 많습니다. 흔히 우리가 졸부라고 하는데 백과부는 달랐습니다. 그녀는 그 돈을 이웃을 위해 기부하기 시작했습니다.

마을에 다리를 놓아 주고 학교에 기부를 합니다. 당시 평양에 있는 모든 학교가 백과부의 기부금으로 운영이 될 정도였다고 합니다. 독립운동가 조만식 선생을 도와 지금 가치로 150억 상당의 돈을 기부해서 도서관을 건립하고 평양에 와있던 마포삼열 선교사님을 도와 선교사역에 헌신하기도 했습니다.

서두에 그녀의 이름을 '이름 아닌 이름'이라며 백선행이라고 소개 했습니다. 가난한 농부에 딸로 태어나 이름도 없이 자라며 시집

가기 전까지는 아가로 불리고 시집가서는 새댁으로 불리다 결국 백과부가 되었는데 사람들은 그의 선행을 생각하면서 백선행이라 불러서 지금까지도 백선행으로 알려지게 되었다고 합니다.

사실 사람은 누구나 영향력을 행사하며 살고 있습니다. 어떤 사람은 좋은 영향력을 미치며 살지만 어떤 사람은 안 좋은 영향력을 미치며 삽니다. 이 사람 옆에 가면 괜히 좋은 기분도 우울해집니다. 할 수 있다는 마음이 오히려 안 될 것 같고 부정적으로 변하게 됩니다. 안 좋은 영향력을 미치는 사람입니다.

그러나 그 사람 옆에 가면 마음이 행복해지고, 낙심한 사람은 새로운 소망을 얻고, 우울한 분위기가 밝아지고, 안 될 것 같은 부정적인 분위기가 할 수 있을 것 같습니다. 선한 영향력을 행사하는 사람입니다.

하나님께 복을 구하십시오. 물질의 복을 구하고, 믿음의 복을 구하십시오. 그리고 하나님이 주시는 복으로 다른 사람을 섬기십시오. 선한 영향력을 나타내십시오. 당신이 있어서 가정이 행복해지고, 당신이 있어서 직장이 행복해지고, 당신이 있어서 교회가 행복해지고, 당신이 있어서 지역이 행복해지는 사람이 되십시오. 지금은 연약하지만 하나님께 복을 구하고 영향력을 구한다면 어느 날 당신은 그런 사람이 되어 있을 것입니다.

에필로그

다시 걷는 비전여행(창17:1-10절)

+ Abraham + + + + + + Abraham

하나님은 13년을 기다리신 후에 다시 나타나 아브라함에게 비전여행을 새롭게 시작할 것을 격려하십니다. 다시 비전의 길을 걷게 하시는 하나님께서 아브라함에게 요구하시는 세 가지가 무엇일까요? 포기한 비전을 다시 붙잡고 새롭게 시작하는 이에게 하나님이 요구하시는 것은 무엇일까요?

첫째, 더 큰 믿음으로 달리는 사람이 되라는 것입니다.

하나님은 우리가 부족하다는 것을 다 아십니다. 날마다 주님 말씀대로 살기로 결심하지만 얼마 가지 않아 여지없이 무너지는 우리를 다 아십니다. 그래도 하나님은 우리가 더 바르게 살아 줬으면 하는 바람이 있으십니다.

항상 죄와 함께 살지만 하나님께 나와서 회개하고 그리고 또 넘어질지라도 다시 하나님께 나아와 회개하고 더 주님 닮은 모습으로 아주 조금씩이라도 변화 되어 가기를 바라시는 것입니다. 그래서 신앙생활은 죽을 때까지 내 안에 싸움을 싸우며 달려가는 것이 정상입니다.

둘째, 더 큰 영향력을 끼치는 사람이 되라는 것입니다.

아브람-[존귀한 아버지]에서 아브라함-[여러 민족의 아버지]로 바꾸신 하나님의 의도는 무엇일까요? 존귀한 아버지 즉 한 사람의 존경받는 아버지가 아니라 여러 민족의 아버지가 되라는 것입니다. 축복의 통로가 되어 영향력을 확대해 가라는 것입니다.

생각해보기

1. 지금 당신의 내면에 주님 닮은 모습으로 변화되기 위해 싸우며 달려가고 있는 것이 무엇인지 생각해 봅시다.

2. 축복이 통로가 되는 네 가지(말, 기도, 섬김, 물질) 가운데 당신이 더 실천해야 할 것이 무엇인지 생각해 봅시다.